吉林通志

十三

［清］長順 訥欽 修
［清］李桂林 顧雲 纂

吉林通志卷一百十三

人物志四十二　忠義

劉鳳彩藍翎拔甲委官　依淩阿六品拔甲委官　薩英阿六品兵委官
同春兵委官　保福　常陞　富明阿　德淩　依
里佈　海山　常春　依淩阿　六十五　喜德
魏玉　常亮　烏爾喜春　克斐阿　依哩佈　常
山六品藍翎　奎林　雙永　富春　德山　雙德　丁
祿六品軍功　德福　德全　富林　雙成　明山　永
清阿　升福　富德　慶喜　劉桂　富恆　馬萬
和藍翎旗委　德克金保　台隆阿旗委　景林　富奎六品

藍翎領催常陞藍翎領催六十一　常陞　榮太　胡圖
哩　三喜　薩淩阿　胡圖里　成貴　吞多洪阿
慶奎　富壽六品軍功領催順福　永連七品軍功領催常
福　雙海六品頂戴領催富爾党阿領催依蘭保　杜隆
阿　雙海　廣順　富壽　恩貴　和成　保順
雙有　明亮　常成　奇順　富克阿　台斐音
富恆　盛林　富順　傅明山　永陞　烏雲太
雙全　淩春　雙喜　永陞　海青阿　圖桑阿
雙林　托克通阿　阿常阿　雙明　七興阿　淩
壽　富恆　盛德　進煥忠　雙柱　貴明　代豐

阿　勝保　常林　朱隆阿　烏淩阿　德祥　德
青阿　安平　常喜　忠福　永慶　永德　忠陞
德祥　吳淩阿　英太　富海　太平　雙春
依淩阿　霍隆阿　春和　喜順　德淩阿藍翎前鋒
淩春　依薩佈　吉哈那　順喜　永常　全壽
常貴　德先　滿福　莫淩阿　常祥六品頂戴前鋒　八
十四前鋒　富亮　富勒琿　峯林　德全　依淩阿
德林　德淩　春福　忠林　常春　平山　保
明　富臣　塔吉　明春　順安　海明　克興阿
常山　依興阿　德海五品藍翎披甲　常陞　高鳳祿

六品藍翎披甲 全來 瑞慶 阿克棟阿 德春 九成

六品軍功披甲 全順 春德 成順 明升 景林 七品軍功披甲 玉慶 七品頂戴披甲 雙全 藍翎披甲 全興 德明 英壽 穆精 春喜 德勝 富成 富林 永林 永福 祥春 鄭儉 舒林 雙全 永連 常勝 韓富明

披甲 張勝春 雙喜 成喜 五成 連升 富喜 色克吉佈 托克托佈 開明阿 富永阿 保德 保慶 淩春 慶林 德壽 保成 丁春 富興 榮林 雙太 西林 常順 永德 楊桑阿 胡圖哩 太平阿 德印 雙慶

佟順　七十六　維托保　阿木昌阿　常祿
祥林　壽常　貴全　安升阿　榮山　依爾東阿
保升　春有　德珍　長春　雙福　成海　富
春　春德　春喜　闔福　德全　錫文　常林
德慶　闔福　明連　常祥　丁柱　常林　松林
德喜　成福　富勒琿　富亮　春林　春喜
逹郎阿　和亮　塔吉　全喜　三保　成山　爾
德佈　徐成　慶順　奎海　春海　慶順　成喜
蘇青阿　德成　托克通阿　額勒登額　依克
塔佈　瑪欽保　朱爾洪阿　都淩阿　成順　青

海、善貴　雙慶　依順　胡圖哩　七十四　巴
克坦佈　德明阿　成太　奎和　海山　永林
劉鳳　吉祥　五十六　文林　永貴　連陞　石
太　全喜　喜貴　全山　慶奎　多福　萬祥
索柱　英林　全升　全英　奇成阿　三歌　春
福　勝奎　依興阿　全林　貴常　隆春　烏林
保　喜升　全太　榮海　德貴花翎　祿全　馮
申　德順　雙明　玉忠　春祿　英祿　西隆阿
富奎　滿倉　富喜　慶德　明貴　成太　依
常阿　石全　雙喜　成喜　富喜　常順　方保

富山　春山　富春　祿有藍翎兵　成祿　永福
盛福　富山　德山　富來　富亮　依薩佈
德昌　增祿　全祿　依克坦佈　馬彥太　哈豐
阿　淩福　英順　永山　雙壽　巴林保　德昌
雙福　慶奎　德海　祿有　德安　和錦　穆
精阿　德奎　色楞額　六陞　富豐太　丁喜
奇成額　慶壽　依常保　達春　九成　烏淩阿
石成　德保　明陞　關陞　薩炳阿　全陞
英喜　雙全　滿壽　富明阿　太成　全有　插
隆阿　烏爾棍阿　常柱　德山　富成　富玉

闕福　恩特恆額　雅哩哈　八十九　金永　榮
山　春福　常海　德全　海林　吉勒通阿　春
福　雙祿　全海　常英　德陞　豐陞阿　博金
太　雅隆阿　壽德　恩喜　穆精阿　成羣　全
慶　富順　忠先保　圖慶　富德　德陞　胡圖
淩阿　常順　德勝　順福　薩淩阿　富祥保
德明　壽常　永祿　恩恆　三安　托克吞　胡
松額　果興阿　倭克錦　台精阿　石成阿　佛
忠阿　成安　和林　常德　德淩　依克唐阿
木吉楞額　倭西佈　德尊　三成　春福　德喜

成壽 淩福 盛福 三福 西忠阿 永常
德昌 奎順 博奇 春陞 勝德 額勒保 花
倘阿 恩特恆額 永陞 慶常 慶順 烏爾青
阿 全升 全保 常有 喜陞阿 英山 全祿
全林 保貴 慶福 富來 萬福 穆特阿
富保 艾興阿 淩海 貴明 常順 富亮 德
林 春和 常祿 常祥 連福 銀山 八十三
來東 德恆 巴克通阿 富海 常惠 雙有
富隆阿 楊福 常林 永慶 西林太 德福
常成 富成 榮成 德全 哈普青阿 德英

春喜　滿斗　保全　雙祿　德成　孫晏　富
克精阿　永祥　張克勤　謝富政　淩德　德祿
常慶　孟壽　勝春　三成　王淩雲　全祿
穆克登額　三喜　押爾喀　貴祿　石成　貴山
吉順　慶壽　德保　常貴　忠明　德祥　壽
恩　德喜　巴彥佈　英福　來陞　依克坦佈
利春　尼隆阿　連陞　木克得科　貴林　富忠
阿　常海　富淩阿　賽音佈　金德　何春　萬
倉　八十一　六德　富德　連陞　德陞　春祿
和淩阿　永慶　永成　成元　常敏　賽音保

常亮　八十九　爾德額　金永　富春　富奎
常春　常有　薩淩阿　秋陞　文連　英順
張正　淩福　宋德啟　常林　貢青連　富青阿
德楞額　雙福　永興　德祿　德淩　富陞阿
勝喜　忠福　唐忠　英山　烏爾滾保　富春
郭興阿　田貴　依陞阿　雙全　永吉　成福
德常　貴慶　五十六　康喜　德雲　祥林
德福　劉國才　明德　常慶　春壽　六柱　楊
增阿　趙起德　德山　富謙　春林　春福　成
和　常勝　常順　德林　慶貴　烏淩德　富和

三陞 成會 常德 春喜 廣順 慶德 富
奎 忠成 成太 張智 雙純 靳文才 永林
忠亮 台陞 順德 薩凌阿 莫爾根 太和
永常 倭西胡勒 永順 爾錦 永山 全壽
巴順 富忠阿 連陞 凍成 張鈞 劉繼先
慶貴 富永 喜連 烏隆阿 烏章阿 海隆
阿 常安 景福 德永 富太 開隆阿 保成
咬柱 木林 全祿 永林 永常 德勝 三
福 祥順 德明 德金太 郭斌 德林太 趙
顯林 恩常 順福 希彥德勒格爾 李振武

富勒春　春海　明安　永春　何德豐　奎林
景祿　永和　成福　雙喜　常明　貴林　海成
來保　祥順　德興額　全海　九成藍翎軍功　永
全六品軍功　全海　恆太五品頂戴兵　德林六品頂戴兵　德
福　闢德　托克通阿　春祿　富英阿　春壽
德慶　恩特恨保　富有　永德　永山七品頂戴兵
德陞　富爾松阿　劉富勒　阿常阿　文陞　孫
永榮　春林　文奎　英祿　德祿　滿壽　慶祿
明春　豐德　全成　德山　明陞　勝安　和
常　依德佈　興安　忠祿　全陞　多壽　全柱

恩慶六品藍翎兵　六十九　薩謙　舒德　全陞
德貴　富山　貴慶　貴福　春壽　常明　富順
柏東　那爾虎善　開青阿　全永六品軍功兵　吉
爾嘎圖　和平　德淩　淩貴　德常　富全　德
祿　托永阿　永奎　德亮　穆春　薩雲　奎海
景興　德敏　永海　富興　英全　明福　永
全　開陞　代羣　安祿　鳳林　春海　成林
喜陞　和順　德林　德恒　恩特恒額　穆騰阿
永亮　常山　三喜　富祿　蘇隆阿　春齡
德慶　榮祥　明福　永常　淩太　盛全　永慶

全祿　全陞　額勒德恩　奎海　西拉　佈額
勒金太　袁世發　錫麟　春保　永春　英太
富祿　烏爾青阿　豐恆　穆欽　雙奎　保山
慶春　隆云　開順　常山　富成　保成　連奎
保升　盛福　闊德　明桂　成壽　依克精阿
額勒德　慶云　淩福　多隆阿　富陞　成玉
勝福　雙索　塔淩阿　盛福　常陞　德喜
慶山　貴當阿　隆德　和順　苗花　連　奎
陞　劉忠富　德慶　永奎　德順　劉永富　德
發　春山　全德　明奎　丁全　常祿　春阿

金山 德順 慶和 壯福 喜春 三福 色普
青阿 全福 李永恆 富陞 全禄 祥林 何
成 全德 富山 喜成 西隆阿 托恆 富陞
豐山 任才 富海 訥欽 富謙 奎春 豐
壽 富勒黨阿 全永七品軍功兵 八十 依精阿 兵
常永 阿常 依淩阿 雙喜 托錦 雙成
恆吉 順海 滿成 成永 石連 英德 來成
明柱 吉蘭 塔隆阿 德勝 富增阿 全柱
連升 和成 和春 常永 七十一 常明山
淩順 富祥 多隆武 雙成 連陞 石全

成福 七十九 常連 德青阿 忠德 永貴
依克西春 富善 富成阿 德明阿 忠元保
春桂 吉春 保生 慶福 正順 郭爾明阿
安福 巴克坦佈 徐珍 莫爾青阿 平山 淩
壽 烏爾恭額 奎陞 德春 成春 阿克敦
貴春 雙全 雙太 雙祿 英保山 德喜 慶
林 德祥 和成額 慶德 喜慶 沙炳武 勝
林 海順 永喜 九順 色普徵額 春福 全
亮 景陞 富永 勝祿 達明阿 台青阿 安
亮 永山 花尙阿 勝福 永壽 穆淩阿 克

興阿 七十 富祥阿 奎山 保成 烏爾沖阿
雙喜 烏明阿 富明 永春 富有 永福
德壽 常順 依常阿 阿克棟阿 卓隆阿 常
陞 德凌阿 依桑阿 全福 德壽 明貴 和
成 德淩 代淩阿 托克豐阿 海亮 永陞
興林 七十九 西淩阿 巴揚阿 全有 恩特
和佈 海山 淩壽 德喜 喜貴 恒亮 胡山
全林 雙德 和明 永全 平山 海陞 台
隆阿 盛貴 全玉 雙全 富倫 德明 全祿
依郎阿 占柱 金亮 根陞 德山 代米山

喜成　喜慶　勝春　綽哈阿　舒章阿　金陞
富明　格圖肯　舒興阿　爾德佈　阿勒綳阿
全陞　富恆　盛德　全喜　德喜　恆林　闊
海　雙太　烏林　常保　西林　富明德　德福
六十一　富森佈　德山　安青阿　勝德　貴
德　永貴　永德　永成　忠太　成太　常德
慶福　德海　文升　青山　祥林　和常　富祿
全陞　德淩　德林　德壽　和明　和成額
安福　石成阿　永全　奎陞　勝保　玉喜　托
明阿　王山　德太　明升　德勝　楊有廣　德

恆　德福　雙貴　雙太　永珍　惠祥　凌山

常安　富成　依林太　保升　永壽　烏勒喜春

保明　劉英　玉陞　烏淩阿　祿全　永興

烏爾滾太　春德　雙福　海福　常壽　全山

富貴　六十一　全順　慶太　五十六　富恆

全喜　德林　隆福　富太　奎陞　勝祿　德安

海保　永林　成祥　常春　奇普陞額　奇成

阿克錦保　阿金太　烏沖阿　常德　鳳奎

雙德　佟陞　海德　依爾杭阿　富哩善　成舉

富順　秀明　連陞　成林　巴彥太　全山

富春　德新　德喜　托克通阿　三成阿　亮海
銀柱　亮永　連喜　舒雲保　立春　金壽
連明　慶德　富壽　富元　盛喜　永祥　明凌
吉祥　烏隆阿　常青　德壽　明亮　貴林
順德　增福　富祥　巴杭阿　明福　巴克唐阿
恒祿　常和　陳學永　王玉成　慶祥　永奎
景玉　黃玉銀　孫發　李翰　劉廷慶　斌恒
楊五成　富精阿　鳳山　春德　祥保　王國
田　明謙　葉廣順　全太　永全　王鑑　張國
選　何昌　德成阿　德陞　海凌阿　全陞　喜

順　富明阿　喻信　貴陞　喜成額　海陞　春
喜　富爾松阿　富淩德　全順　明陞　多隆武
永祥　常奎　依力佈　張秀　常山　三元
富山　金順　海保　榮祥　全陞　富喜　春林
常順　海陞　春山　春陽　成福　春壽　常
淩　全福　滿平阿　八十六　春明　花林佈
倭新保　六成　依常阿　奎陞　海春　烏爾青
阿　金陞　托精阿　保全　富連　德祿　同保
雙成　雙祿　德順　富隆阿　常春　永壽
五十九　恩成額　貴林　富喜　巴揚阿　全祿

常林　永喜　托精阿　貴順　九成　奇成額
成海　連成　春陞　壯喜　德興阿　艾興阿
九明阿　令英　黑德　常順　和春　富成
七十一　吉成　豐山　滿陞　劉海西丹　春全
春祥　和安　慶福　閻昭　王順　王富　勝喜
常陞　劉富才　蘇殿臣　劉永福　王祥　楊
文廠　劉順　金萬年　福升阿　達春　雙林
雙柱　喜順　永順　滿奎　倭西洪阿　常山
瑞林　常山　倭克錦　艾興阿　永林　蘇拉成
安　阿勒繃阿　史廣才勇目以上入祀昭忠祠　諮德滿洲正紅

旗委官　常祿漢軍鑲黃旗披甲軍功保戴花翎　穆青阿漢軍鑲黃旗披甲軍功保戴藍翎　德全漢軍鑲黃旗　永常漢軍鑲黃旗　慶雲漢軍鑲黃旗披甲六品軍功以上並吉林人　丁全滿洲正白旗披甲　德壽滿洲正白旗　石成　四喜滿洲鑲紅旗以上並烏拉人　雙凌滿洲正白旗披甲　吳順以上額穆赫索羅人　隆壽滿洲正紅旗領催　舒祿滿洲正紅旗前鋒　舒祿滿洲正黃旗披甲　富祿　何隆阿滿洲鑲黃旗　都隆阿滿洲正紅旗　榮林滿洲鑲紅旗　穆克精阿滿洲鑲藍旗以上甯古塔人　穆隆阿滿洲正黃旗　德隆正白旗　閻丕發　韓道樂　楊珠　王才　劉振清鑲白旗　姜福　德泰　來盛　曹丕元　曹丕士　曹丕甯　宋二　雲成

阿　李萬　富寬滿洲正紅旗　鄂俊滿洲鑲紅旗　英林滿洲正藍旗　鄭文產民勇　白福番役　王會成　韓明德

張林　王有貴　胡文廣　徐常亮以上雙城堡人　清泰滿洲正藍旗無品級筆帖式　恩特和默滿洲鑲黃旗委官　豪果勒滿洲鑲藍旗　德山滿洲鑲黃旗　恒德蒙古正白旗　烏精阿水手以上並伯都訥人　姚殿雲舒蘭河站丁　王歛　王敷　陳有和　李保全　張曜法特哈站丁　龔九倉盟温站丁　王有山遜札堡站丁　賈榮蒙古卡倫站丁　周太葉赫站丁巴彥鄂佛羅人以上

春福六品頂戴披甲　隆春披甲　壽林　永德西丹以上吉林人

滿春披甲　慶貴　和陞西丹　卜文祥　楊富貴

楊六成　關常有礮勇以上甯古塔人　祥瑞五品花翎前鋒委前鋒

雙福披甲委旗　喜順披甲　永連　貴福嘎吉塔兵　鐵柱

以上三姓人　四有披甲伯都訥人　富昌阿滿洲鑲白旗委官阿勒楚喀人列傳

明安琿春人領催額委官以上附祀昭忠祠

右入祀昭忠祠及從祀者凡若而人僅據昭忠祠牌位抄來其滿洲人駐防旗分漢人籍貫與夫死事年月出征地方均無可考附祀者亦僅有駐防之地及其旗分而出征之地與死事之時亦均闕如惜其效節殉忠身膏原野僅此姓名數字孤存天壤之間不敢聽其湮沒謹援華陽士女僅列姓

名之例類次於世職之後抄取計簿之譏不得辭也

吉林通志卷一百十四

人物志四十三耆舊

馬維馭　慶福

薩英額李重生　海量

侯鎮藩　牛化麟

于淩奎　于淩辰

李純英杜仲和　趙廷楨　王元賓　劉梓人

張某　田學

張大鵬　世興

常鳳官　徐大敬

潘起富

馬維馭字懔若故籍直隸元城父藩以貿遷至吉林家焉遂爲吉林人藩性孝友母兄留元城所以奉之甚備鄉人來者必賙卹之使得所婚喪皆有助見童子之秀者雖不識輒資使讀時稱馬善人嘉慶元年年七十二以維馭官部郎

詔與千叟宴

賜玉如意等物及

御製詩一章年八十一卒子四維馭其長也乾隆丁未成進士吉林甲科自維馭始由戶部主事遷員外郎本部

畢堪外任記名尋以道府用赴湖南軍營
賜金以行迴避座師改湖北授施南府府在萬山中諸苗錯
處城久陊請帑修之歲饑令平糶其無告者爲出俸
償直仍旋平糶者家以是境無遏糴而多恃以生又
以迴避改河南授南陽府以綜覈才司老河口紫荆
關軍餉復宛南書院如白鹿洞規士皆率教父喪歸
服闋授江蘇淮安府河道總督以督催引河物料及
外河減壩合龍等工疏請加道銜淮北各場鹽舊由
鹽河運至淮安之河下過壩入運河分達各口岸鹺
商以鹽河淤議改海運於是河下過壩扛夫鉤手等

數千戶皆失業合詞以籲爲請於大府濬鹽河而止
海運一時爭頌之末幾卒官子四光瀛南河通判光
第附學生初維馭既通籍弟維驅乾隆乙卯舉人
盛京教習維驄嘉慶辛酉拔貢生
廷試第一以知州用維駒布政司經歷時咸以藩積善
所致艮然然吉林所隸自旗籍外多來自他方微市
日中則牽車服賈不爾弛厥負擔墾荒若刨蔓耳因
之富貴者間有其盛也大抵勤治生而厚於施其衰
也侈乎已而易前人之厚以薄是亦有人事獨天道
哉

慶福字賦川姓烏雅氏吉林人隸滿洲鑲黃旗道光丁酉舉人官國子監博士謹操履而行義亦高稱於鄉里初吉林科歲試附於奉天議建試院請學使者案臨格於

朝旨居有頃慶福與伯都訥舉人于淩雲復以請將軍富明阿爲疏陳

允之其經費則領荒田於官招佃分墾而會其租入旣成所在人士不復苦跋涉黑龍江亦附試於吉林又建崇文書院合生童月第其藝膏火一時文物駸駸異厥初焉而當時與其事者請而復駁駁而復請慘

淡經營厥心特苦鄉先生沒而可祀於社若慶福者
殆其儔乎子三錫恩恩貢生候選員外郎孫三晉昌
盛京刑部主事貽穀翰林院編修峻昌候選主事出嗣
或曰爲善無不報而遲速有時其言驗矣
薩英額姓張氏字吉夫吉林人隸滿洲正黃旗道光
初任堂主事尋擢
西陵工部郎中輯有吉林外紀十卷大抵即
盛京通志甄錄之志兼東三省而吉林黑龍江從略故
其書亦不得以箸述繩焉蓋吉林
龍興地所重騎射無事文藝之末其人士亦恪守

列聖成訓渾噩相仍寖成風氣或强作解事側之大雅之林殆不煩論議是以私家載記一切無聞薩英額所爲葢猶剏獲里諺曰物希爲貴豈不然哉此外有赫哲風土記則郡人李重生所著重生字邵廉由生員以從九品候選能詩詞工篆隸若繪事鐵筆尤佳其書雜識三姓所聞見里言耳

海量字涵齋姓伊勒根覺羅氏吉林人隸滿洲正白旗由貢生官吉林銀庫主事候選員外郎加四品銜家城西柳樹屯族姓甚繁貧者至不能讀乃築屋三楹爲義塾悉蠲所有田百八十畝以其租入資塾師

俾族姓貧者就讀牒所由存戸司而牓其屋曰趙氏義塾蓋譯伊勒根覺羅其文爲趙也吉林擁厚貲者不乏初不聞有是舉有之自海量始且家故非裕此其事可以風矣

侯鎮藩字之屏吉林附貢生事親孝操行不苟兼優文學一時無閒言光緒元年

詔天下舉孝廉方正吉林建治歷有年所無與是科者至是都人士舉鎮藩於有司以應

詔鎮藩喈曰此大科也吾吉

國家所由興

列聖龍飛未聞有此蓋難其人鎮藩何以堪之辭甚力有司
卒以名上母老不忍離雖舉屏不與
廷試以六品服終於家
牛化麟字石齋吉林人以郎中籤分戶部假歸性謹
飭處鄉黨吶吶若不能言者而勇於爲義吉林故土
城將軍富明阿易以甓入貲助焉疏加四品銜地旣
苦寒或饑而無所得食往往踣於塗化麟入冬輒設
廠振粥部署有條理至者皷腹去一切之弊無聞獨
力爲之閱若而年所全活無算旣卒子秉坤克承先
志歲振如曩時世享素封有以也秉坤官補用知府

于淩奎字星伯故山東濰縣人祖居安以歲祲挈家至伯都訥廳遂占籍焉以力田起家父龍川好施與所在稱之淩奎有父風而尤孝友少頗嗜讀父曰我老矣顧汝宜治生生事足以讀責汝兩弟不然家且絀矣則曰唯命用是出課耒耜入操籌算家日裕然亦有由焉嘗之奉天會計所設廛肆道遇流民百數以匃爲資問安之則曰將墾荒自活問荒所在無以對乃資之至伯都訥以已荒分佃焉屋廬什物咸具至者如歸咸與盡力而淩奎利乃不貲以是益恣施予資婚嫁尤多延師課兩弟於家執禮甚謹弟讀勤

食之美於已否則大訶弟感之益厲連舉順天試而
淩辰旋成進士則喜曰可以告吾父矣年七十卒子
七若霖附貢生光霖進士工部主事嗣淩辰蔭霖進
士雲南布政使薦霖直隸淶水縣知縣鍾霖進士以
編修記名御史蔚霖附學生候選知縣煇乎吉林著
姓矣論者以淩奎遵父命輟讀課兩弟取科名而已
乃抑與田畊市儈儕也可云孝友天故於七子償以
四進士亶其然哉
于淩辰字蓮舫道光甲辰進士授工部主事累遷內
閣侍讀學士大理寺卿假歸卒其官主事部有羨銀

同官例分之獨不受中朝以爲異聞咸豐九年幫辦山東河南江蘇三省軍務伊興額疏調翰林院編修李鴻章與淩辰赴軍
詔如所請未果行厥後鴻章身都將相功名盛一時伊興額以之並舉即淩辰可知矣其官學士疏陳吉林訟獄滋豐請專設理刑大員或如臺灣例增道員加按察使銜事下將軍阜保議寢時同治三年也光緒八年將軍銘安卒請設分巡道以下各官吉林稍稍就理其端實發於淩辰自外則無徵也近在里閈去其卒又僅十數年責安在耶

李純英吉林農家子事親以孝聞家去城數里日必走市甘旨少許以進雖有子女未始與嘗也所田得石碣曰阿尹太夫人知爲古墓封之別墾而別墾者穫輒倍其儕或曰是有物焉相之不然天以餉孝子妻沒不復娶或勸焉曰吾始以婦事翁姑猶兒事父母今知不爾吾甯鰥矣傳曰妻子具而孝衰痛哉其言之也此故不論而刑于之化又士大夫所愧何有於農家純英懼失父母懽心乃以孝坊欲讀書談道之儒或猶未逮豈不難哉而郡尙家溝杜仲和暨長春趙廷楨居撫安鄉王元賓居郭家屯皆以孝子旌

待旌者則將軍碑嶺梓人劉某康家口織席張某煙筒山孝匃田學云夫庸行非以近名姓氏翳如不知凡幾得孝子數人而事又多闕不能自爲一門故系之者舊以俟來者

張大鵬字瑞亭伊通州佾禮社人少從事章句道光季年海疆多故冀以功名自見去而習武事由武生援例得千總然事母孝時時作孺子慕不能遠走萬里仗劍從戎也體故魁梧健啖母寢疾籲天誓不肉食母愈而已寢就孱母暮年益多病晝夜侍湯藥衣不解帶以爲常有僕婢子孫而母事必躬穢染髭鬚

手掇之不以爲嫌焉如是五閱月不復能支以勞死
死時但囑善視母勿以聞年六十有五矣母病中輒
呼大鵬家人趨視若有人側乎牀笫者旣而歔然由
是知死仍侍母也光緒閒以孝子旌
世興姓那拉氏隸正紅旗拉林陳滿洲也咸豐九年
以委筆帖式從征山東河南安徽江蘇累功授佐領
事親孝初母闕之沒世興尙幼哀毀如成人咸豐二
年父那春泰沒啟母墓合葬焉於其旁結草爲廬以
守若將終身風雨長號哀動行路總管嘉之洎徵調
令下强以行曰移孝作忠汝親必大慰光緒十一年

卒年六十有五夫廬墓漢世爲數後亦間有之世輿
生荒徼不知書油然自動於其天非有所希慕謂賢
於古人可也
常鳳官長春府懷惠鄉人母王年二十一而父德沒
以鳳官嗣鳳官事母有至性妻于亦孝婦也母痼疾
臥牀第二十年餘朝夕在視治食飲必躬時出耕于
紡於旁轉側則起疾或劇涕淚霑衣減則近門相告
言欣欣有喜色時謂卽所生子男女未必能二十餘
年如一日或者天以報王氏之矢死靡他耶
徐大敬伯都訥廳郝家屯人故山東籍幼喪父事母

有至性母患瘡日篤皇皇醫藥之求涕淚常被面於逆旅遇老父授以方藥頓瘥時年甫十一也兄不事家人產而好博母嘗謂曰汝爲孝子豈不能爲悌弟耶對曰孝悌何敢言然有母兄而不能事何子弟爲矣所以將順之者特至子患痘瀕危聞兄病於外立駕往逆旅治之子沒不顧亡何母亦病則請兄歸不應伏地泣請累日乃御以行行泥淖中馬不進兄怒疾下轅中負軛助馬行絕駛若有爲之驅者母兄尋並愈沒年七十有二子三少者遊於庠孫曾並世儒業

潘起富伯都訥廳雙合屯人母姜年三十六而寡嗣起富爲子甫三齡食貧撫孤僅而成立晚有目疾起富孝事唯謹雖子姓滿前而母食必先嘗時其寢興所以娛樂之無不至沒年八十有五已亦且六十哀毁逾常世有事所生而不堪令人聞見者起富嗣子也難矣

吉林通志卷一百十五

人物志四十四寓賢

張邵　洪皓以上宋

陳韶孫　李謙亭以上元

祁班孫　楊越

吳兆騫葉之馨　郎廷相

王孝子　艾子誠

楊之春　戚麟祥

馬德功　張鳳來

滕半仙以上國朝

張邵字才彦烏江人登宣和三年上舍第建炎元年爲衢州刑曹三年金人南遷（續通志）詔求可使北朝者（盛京通志九十）邵慨然請行假禮部尚書充通問使（安徽通志一百六十九）金人先拘之燕山僧寺（盛京通志）後益北徙會甯（續通志）則又去中都二千餘里也（北盟會編二百二十二）邵卒不屈（盛京通志）金嘗大赦許宋使者自便還鄉八人多上籍淮北冀幸稍南惟邵與洪皓朱弁言家在江南十三年和議成與皓弁南歸（宋史三百七十二）升秘閣修撰主管佑神觀十九年知池州再奉祠卒（安徽通志）年六十一累贈少師邵負氣遇事慷慨常以功名自許出使

四徒屢瀕於死其在會甯金人多從之學宋史生徒斷木書於其上捧誦既過削去復書中圓如瓠而首尾銳目之曰木橄欖蓋其俗兒童誦習卒以此又以易講授學者爲之期日升僧座鳴鼓爲候講說大義一時聽者畢至由是生徒有錢米布帛之饋賴以自給會編三百二十二引事實子孝會後亦以出使歿于金金人知爲邵子尙憐之宋史

洪皓字光弼番陽人按宋名臣言行續錄載皓其少先徽人唐末徙樂平之洪巖慷慨有奇節登致和五年進士第續通志建炎時議遣使金國張浚薦皓於呂頤浩召與語大悅皓方居父

喪頤浩解衣巾俾易衰絰入對帝以國步艱難兩宮遠播爲憂皓極言天道好還金人安能久陵中夏此正春秋邲郢之役天其或者警晉訓楚也帝悦遷皓五官擢徽猷閣待制假禮部尚書爲太金通問使宋史三百七十三皓至太原留幾一年金遇使人禮日薄及至雲中尼雅滿逼之使仕劉豫皓曰萬里銜命不得奉兩宮南歸恨力不能磔逆豫忍事之邪願就鼎鑊無悔續通志尼雅滿怒命壯士擁以下執劍夾承之皓不爲動旁貴人喟曰此眞忠臣也止劍士以目爲跪請遂流遞於冷山與假吏沈珍隸卒邱德黨超張福柯

華俱（北盟會編二百二十一引行狀）冷山距金主所都僅百里（行狀作二百餘里）地苦寒四月草生八月已雪穴居百家陳王烏舍聚落也烏舍敬皓使教其八子（按宋名臣言行錄作教其二子）或二年不給以食盛夏衣麤布（宋史三百七十三）番謂四隸採薪他山嘗久雪薪盡至拾馬矢煨麪而食（行狀）或獻取蜀策烏舍持問皓皓力折之烏舍銳欲南侵皓曰兵猶火也弗戢將自焚自古無四十年用兵不止者又數爲言所以來爲兩國事既不受使乃令深入教小兒非古者待使之禮也烏舍或答或默忽發怒曰汝作和事官而口硬如許謂我不能殺汝耶皓曰自分

當死顧大國無受殺行人之名續通志北去蓮花濼三十里使之乘舟一人蕩諸水以墜淵爲言可也烏舍義而止之行狀方二帝遷居五國城皓在冷山密遣人奏書以桃梨粟麪獻二帝始知帝即位皓聞祐陵訃北嚮泣血旦夕臨諱自撰文以祭其辭激烈舊臣讀之皆揮涕紹興十年因諜者趙德書機事數萬言藏故絮中歸達于帝十一年又求得太后書遣李微持歸是冬又密奏書曰金已厭兵若和議未決不若乘勢進擊再造反掌爾獻六朝御容徽宗御書其後梓宮及太后歸音皓皆先報金主聞其名欲以爲翰林

直學士力辭之皓有逃歸意乃請于參政韓昉乞於眞定或大名以自養昉怒始易皓官爲中京副留守再降爲留司判官趣行屢矣皓託不就職昉竟不能屈金法雖未易官而曾經任使者永不可歸昉遂令皓校雲中進士試蓋欲以計墮皓也皓復以疾辭未幾金主以生子大赦許使人還鄉皓與張邵朱弁三人在遣中金人懼爲患猶遣人追之七騎及淮而皓已登舟皓自建炎已酉出使至是還留北中凡十五年同時使者十三人惟皓邵弁得生還而忠義之聲聞於天下者獨皓而已通志以忤秦檜貶官安置英州

而卒四庫提要五十一年六十八死後一日檜亦死帝聞晧卒嗟惜之復敷文閣學士贈四官久之復徽猷閣學士謚忠宣晧雖久在北廷不堪其苦然爲金人所敬所著詩文爭鈔誦求鋟梓旣歸後使者至必問晧爲何官居何地性急義當艱危中不少變懿節后之戚趙伯璘隸烏舍戲下貧甚晧賙之范鎮之孫祖平爲傭奴晧言於金人而釋之續通志貴族有流於黃龍府優籍者二人晧屬副留守趙倫除其籍劉光世之庶女在金參豕贖以重價求匹偶衣冠之家略爲人奴者贖之數十人行狀惟爲檜所忌不死於敵乃死於讒

慝博學强記續通志有松漠紀聞金國文具錄傳於時北盟會編二百二十一松漠紀聞乃其所紀金國雜事始於留金時隨筆纂錄及歸懼爲金人搜獲悉付諸火後乃追述爲正續二卷四庫提要初皓留金時以教授自給因無紙則取樺葉寫論語孟子大學中庸傳之時謂之樺葉四書盛京通志九十

陳韶孫廣州番禺人父瀏以罪流肇州韶孫年十歲不忍父遠謫朝夕號泣願從父不能奪遂與俱往元史一百九十七過遼陽平章達春見而憫之曰邊地苦寒非汝所堪吾當返汝故鄉韶孫曰既不能以身代父當

死生以之歸非所願也（續通志五百二十六）達春驚異以錢賞之大德六年劉死韶孫哀慟見者皆爲之泣下肇州萬戶府以聞（元史一百九十七）皇慶元年詔放還鄉里乃負父骸而歸（元史類編三十九）旌表孝子（元史二十四）

李謙亭曲沃人以儒士辟歷內臺御史（山西通志一百十）至治元年春詔起大刹於京西壽安山（元史類編鎖蛟兒傳）謙亭以歲饑且東作方興（山西通志）與御史觀音保成珪上章極諫帝怒杖珪謙亭等黥其面（元史類編）竄於尼嚕罕地（元史二十七）尋召還授浙東海右二道廉訪使卒封隴西郡侯謚忠肅（山西通志）

祁班孫字奕喜浙江山陰人也明蘇松廵撫贈少保兵部尚書彪佳次子生時母商夢老衲入室既長美姿容白如瓠而兩足重趼日能行數百里坐喜趺跏彪佳死節與兄理孫以故國喬木自任從兄鴻孫起兵江上傾家餉之事去或曰勿更從事於焦原矣不聽仍結客欲有所爲祁故巨族女兄又福王后四方簪履麕集折節下之雖屠沽負販兼收並畜家邑梅墅其園亭在寓山柳車踵至複壁大隧莫能窮也慈谿布衣魏耕者狂走四方爲亳社桑榆計主於班孫或首焉發兵捕耕並及其兄弟既讞兄弟爭承祁氏

客以併命無益乃賄脱其兄班孫遣戍甯古塔是時
禁綱尚疏數年遁歸里於是兄理孫痛弟鬱鬱死矣
或物色之乃祝髮吳之堯峯去主常州馬鞍山寺所
稱咒林明大師者也好議論古今不涉佛法言及先
朝則掩面哭不止莫誰何之者居有頃沐浴曳杖繞
堂數周曰我將西歸入暮端坐逝發其篋有東行風
俗記紫芝軒集且有遺教欲歸祔乃知爲山陰祁六
公子自關外來遂反葬六公子者並大功兄弟次之
婦朱字趙璧故少師燮元女孫工詩難作尚盛年孤
燈緇帳終其身未一出廳屏班孫之歸留一妾焉既

披緇累東游嘗言天下蘑菇甯古塔第一甯古塔蘑
菇吾妻籬下所生第一令人思不置其振奇大抵如
此云
楊越字友聲初名春華浙江山陰人父蕃明京口副
總兵越年十七補博士弟子員明社既屋散家資結
客豪俠盈門將有所爲未果也其友以起兵下獄遣
書乞援邏者獲焉逮戍甯古塔是時甯古塔號荒徼
人迹罕到出塞渡湍江越穹嶺萬木排立仰不見天
亂石斷冰與老樹根相蟠亙不受馬蹏朔風狂吹雪
花如掌異鳥怪獸叢哭林嘷行者起踣其閒或僵馬

上不得下攬其山川阨塞詭形殊勢多寓於詩既至
見其人不常厥居俾斫木爲屋覆以其皮且炕牖之
由是知室處出所攜布帛絲枲與易魚皮之屬由是
知市賈又教以誦書作字暨禮讓之節於同遣者生
養死葬及子女當婚嫁則助所不給所在化之惜楊
夫子來晚云子賓從時年十三康熙二十八年
聖祖南巡至蘇州與弟寶泣血叩
行在願率妻子代父戍爲
駐蹕問所由以罪重不允又號呼逐
御舟行數百里竄突於人馬蹂躐間衛士鞭箠雨下兄弟出

强辭與抗幾斃卒不得達乃走戍所省視三十年越
沒故事死謫戍不得還葬孥從行者留之賓衰服詣
刑部兵部門號泣陳訴越四百五十有五日垢形骨
立愴動行路當事爲求比例遂得請賓乃扶柩奉母
范入關當柩發甯古塔其人設魚飧以祭者相屬於
道而持賓號哭如送所親焉賓舊有柳條邊紀略
吳兆騫字漢槎江蘇吳江縣人少有儁才父燕勤以
進士爲永州府推官從過潯陽大別出洞庭泛衡湘
攬山川形勝發爲詩歌往往驚其長老嘗作膽賦其
師計名賞之曰此子異時有盛名然亦不免於禍性

簡傲嘗從儕輩出邑東門意氣岸然不屑俄顧其宗
八青壇作袁淑語曰江東無我卿當獨秀聞者爲側
目與華亭彭師度宜興陳其年號江左三鳳凰尤善
無錫顧貞觀順治十四年舉於鄉而主試方猷檢錢
開宗頗通關節或就其姓減方之點錢之二戈爲万
金記傳奇流聞
禁中
世祖大怒誅猷檢開宗及同考官十六人於市是時江南房考十有六
會順天同考官李振鄴張我璞亦以張千李萬之謠
坐誅

命覆試南北舉人於瀛臺題即瀛臺賦以護軍二持刀夾舉人一與試者多震懼失次則歎曰焉有吳兆騫而以一舉人行賄者乎遂不復爲亦以夙負才名爲言者多謫戍甯古塔將軍巴海禮重之妻葛亦閒關相從而縱酒放歌與遷客張縉彥等爲七謫之會頗亦足樂葢吳偉業贈悲歌行時所未及料所著詩及駢體文見秋笳集者氣體益遒上視少作不侔矣康熙二十一年

聖祖遣祭長白山因爲長白山賦並序使者以聞其辭曰長白山者蓋東方之喬嶽也晉臣袁宏有言曰東

方萬物之所始山嶽神靈之所宅我
國家肇基震域誕撫
乾圖
景歷萬年鴻規四表則兹山者所以昭應
皇輿合辞
帝室輿有巢之石樓少典之軒臺同焜燿於方載者也
皇上聖文臨御神武膺符慶洽人祇化隆海嶽仰欽
祖德禮報
神卭爰
詔侍臣致崇禋秩牲壁儷於羣望懷柔及於百神瑞檢雲陳

穹壇星麗煌煌乎
聖世之盛儀埒虞柴而軼漢祀矣夫南山薦聲班固以小
臣作頌西嶽展禮杜甫以布衣獻賦草莽微臣竊附
斯義乃作賦曰猗兹山之峻極邁羣嶽而獨尊體青
琱以出震標皓靈而燭坤揭龍荒而作鎮瞰鵬溟以
爲門參二儀兮永峙表三成兮莫倫徒觀其大勢也
則巀嶭嶜崟穹窿嵣峽岉邈嶙峋壇漫莽貫迴漠漠
以橫被崛嵬嵬而極上岠遼碣暇朔壖輶挹婁睨朝
鮮亘喬基於千里造曾椒於九天赫兮無儔峭兮迴
拔嶺輪糾以爭亙巖巋巇而相峴峯千仞兮矯曜壁

萬尋兮瓊潔鬱彯驍險兮橫雰訬負高兮墆霓（五結切）洶東極之神隩詎西崐之可埒爾乃循覽四麓考其周綴爰有黑松巨林跃蔓黝遂斑天有極縈地靡際既虒坂而連延亦巃山而摧嶊根欐佹以鱗羅葉緁獵而羽翳拏莖含颸以鬱蒻攢柯冒霿而叢倚霫兮沈沈霿兮㽄㽄歘陰火於空心感陽波於槎蘖（叶羊至切）乍頓道而欹卧忽推墜而側植（叶直吏切）信亥步之未跡知禹築之莫暨（自山麓至牛山皆黑松林亘三百餘里不見日月樹根相糾如網地皆深淖馬行七日乃畢）於是黛凝複嶂烟瞑虛嵐森梢㕞互插堞嶰嵓景晻晫兮罕曜逄㴩潎兮增湍帀層陰於遥巘髟

荒徑於修巒杳荒岡兮晝合暮儵寥綷兮夏凝寒其中乃有黑鵰青鶻蒼鷹素鶻皎鵠碧鷂迅鸇俊鴿風騰猛腦霜披勁翮㖿吭軥輈奮翰獢狨或命儔於杪顛或接巢於枝格瞵金睼兮高睇厲青骹兮下擊緇采賴䎸殊材異質喧聒相驚㖗躍自鶩鼓嘴距以增聲毻羽毛而成積極翔羣之詭錯咸沸卉而斯集若夫彪𧆨之儔昆駼之屬伏虓長嘯豪豨振亍麢麚昏彭於積岨熊虓驎驕於叢木豺貘齗齗以猛噬豜豵驚透而紛逐般首勁角圜題從目昏嗥晨呴風馳雷䟴慄林振壑殷巖騼谷至乃青羆黃䶅華貂文貀挺

修豪之温潤含鵬采之煒烈豆目睗睒麥髯狎獵棲迹曾冰胥蹤盛雪竄木末而騰趠穴巖窴而競捷羌托體於寒陬疇效珍於華闕伊奇類之夥夥嗟難得而殫說爾乃林徑欲窮迄溪半墳轉千盤而漸高出九折而逾礙紆蹇產竦嶮峨谿修渚響湍瀨縈濯龍之滄淵欲納鶩按即兩訥殷河之雙派殷雷地底倒景天外駭河流之淩薄劃巖垌而訇磕棧鬱盤於迴溪路歷巖於巉岏淵礙空兮誰涉崖踐虛兮儼對於是谽閜直裂嵁嵲如憑抗術阡於鳥際超軌躅於雲層邈半漢以上躋軼隆巔而究升周步山極肆目岩陘曠若

砥原坦若廣庭纖條不𣗥殊榛罕莖寒蕪莽莽石道冥冥何嶒峻外峙而唐壇內平山巔極平坦無樹木惟荒烟蔓草滿目縱橫而已爾乃羣巒結瑶以峻起千岩削玉以攢立頳砡含皓以埢垣陘峗𡾊素而叢襲造五色以相煥綿百里而環矗類瑶臺之偃蹇宛瓊樹之崱屴石崖高七十丈白如瓊玉四環山頂廣袤八十餘里仰重霄兮可捫俯下方兮無極互陰晴於膚寸攬星辰於盈尺伏岑嶅而返眺訝雷雨之下黑爰有千齡之氷太始之雪嵌空峭窅并淩㟧岊六尺皚皚袤丈㠖㠖迎素秋而競飛涉朱炎而自冽嶰壑森凄以月鑒晐𡼖炯晃而鏡澈乍消長於新故

疇畢究其融結紛衡耀兮逵映何吹律兮可熱（從山趾至巔高二百里其上冰雪叢積歷夏不消）爾其混同之本鴨綠之源衍爲神池以宅乎其間（池在山之極頂縱餘五里橫八里北流至松花烏拉入黑龍爲混同江南流至朝鮮爲鴨綠江一統志云池廣八十里者譌也）曾瀾廣滌靈液淪漣振以曲碕之磯碎繚以襄岸之駢田含靚如拭積明若空乍風披以瀲灩倏霞烝而潰泄鑿琴啟籚湍之徑躡雲構鮫人之宮爾乃疏隘陘穴廞硿跳潛沫駭奔潨汩濆阿而瀉瀑雪冰岩而澒溶徂南驟北趨浥聚供清靈源於干頭淪神委於二江（叶姑紅切）若其堪賣之所潛濱穹盧之所澓激灌似碓投洞若機疾並騰傾

而灑珠遂奔揚而綴壁羣流既渫四派乃馳瀺灂崇岑嵦厓峻岐颯沓雨集潎洌烟霏挂流層碧之表淪波空翠之隈倒銀潢而半瀉矯皓蜺而迴飛四月間池水及石罅東泉先開其出之水凡四派穿白石崖而下挂流百丈聲若驚雷於是澹沱安翔蟠蟺四會漾漾混濤滮滮振瀨抑魚龍之餘怒集大坻而爲匯潤兮永指晶兮徐邁出乎松花之陬注乎烏龍之外四派之水至尼雅穆尼雅庫匯爲一流以入於松花烏拉所以宣天綱之含布壯朔野之襟帶若考其瓌奇之所窟宅珍瑋之所景彰則夜珠流照於素波瀨玉攄采於青岡人蓡抗莖于椵陰艮楛挺笴于松陽人蓡生于椵樹之陰石崖外松林極

目其間瓌生楛矢靈跂駿蹻而容與羽人撫鶴而棲
卽肅愼氏矢也
翔畢山經以撰異莫茲嶽之靈長相傳其上有仙靈往來擅射麋鹿者
卽雲霧迷徑至其出納望曦懷吐雲霧苞陰陽以靈秘通
元漠而神護小衆山于埊敦泐七表于指顧崛嶔則
千帀未殫縹碧則萬重紛聚頓挺拔之地軸俛嵯峩
之天柱故能上當辰曜仰褫
帝居抗基卓犖翔勢扶輿踞蒼門而表神宅並青岱而闢仙
閭赫彤雲之晝聚焯紫氣之晨敷孕造夏之玉字識
臨代之寶符啟潛躍于
聖祖臻景鑠于

皇圖藏瑤牒兮可媲涌金精兮詎誣瑞我
清兮億載永作固兮不渝先是京師諸故人多與謀
賜環貞觀尤力大學士明珠子成德故與善感所寄兆騫
金縷詞二闋言於其父賦既奏大學士宋德宜刑部
尚書王士正徐乾學借成德等醵贖鍰以進得放歸
乾學士正爲賦入關詩誌喜於是居絕域二十三年
矣子棖臣生戍所著甯古塔紀略葉之馨者其婦翁
也四川巴縣人以第一名舉人任雲南大理府理刑
迕吳三桂亦謫甯古塔將軍以下並禮重之七謫者緇彥字
坦公兆騫目爲河朔英靈有江左風味江甯姚琢之
詩如春林翡翠時炫采色湖州錢虞仲方叔丹季兄

弟才筆特妙四人名並未詳震澤錢威字德維亦舉人與兆騫同謫者議論雄肆詩格蒼老此外山陰楊友聲兆騫謂鐵面虬髯詩甚清麗泰州陳編修志紀字雁羣以上書謫戍與兆騫情致殊深唱酬亦富而從受學者閩人陳光啟字昭令秀而嗜學兆騫謂北州少年此爲之冠兆騫又言與龍眠父子談詩論史每至夜分謫籍無徵

知泯沒者多矣惜哉

郎廷相奉天人隸漢軍鑲黃旗由官學生歷刑部主事遷郎中兼佐領順治十五年隨征南將軍卓布泰由兩廣進平雲南以功擢河南右布政使尋轉四川左布政使時荐經兵燹殫心撫字輕徭役勸農桑修學課士兩省凋瘵獲蘇康熙八年以計典入

覲疏陳民間疾苦及爲政所先施惠所急

聖祖嘉納之擢右副都御史巡撫河南多所興革陝州靈寶盧氏諸州縣濱於河田沒賦存民不勝其困疏免之安陽湯陰淇尉氏中牟等縣頻年災量請蠲貸所全活無算十一年以母喪去服闋至京會兄廷佐卒福建總督擢繼其任

賜鞍馬等物慰遣之時耿精忠旣叛復降餘孽紀朝佐等猶擁衆不下以次平之而鄭成功數犯沿海諸郡十七年其將劉國軒陷平和副都統伯穆赫林提督段應舉並戰沒坐罷二十五年經營吉林船廠

聖祖起管其事時已病感

湔被恩不敢辭遂攜家之吉林力疾視事二十七年卒祀四川福建名宦祠

王孝子者萊人也歲飢偕妻奉母渡海而東抵岸妻以疾沒而母患軟腳病獨負以行所齎乾餱盡道乞食閲千數百里至吉林止城西廢寺中仍乞以養每出得食疾歸奉母母不飽涓粒不敢嘗也既飽負坐寺門外玩松花江及江上諸山且里歌以樂之亡何朔風大號雪瀰漫被野吉林故苦寒昔尤甚母噤不可忍睹之心摧則悉解所衣益母而自謂不寒既而母呼不應視之僵矣大哭失聲會將軍公子獵歸經

寺外使從者問得其故急令舁逆旅溫治之獲蘇言
於將軍予百金營負販且給地築室養其母終天年
事在甯古塔將軍移治吉林時而失其名惜也
艾子誠甯河之艾鄉邨人父文仲梓人也嘗與人鬭
其人踣誤以爲死而逃雖其妻莫知所往第傳聞似
出山海關云爾是時妻方娠越兩月生子誠比長有
知乃問母父所在母泣語以故子誠自是惘惘如有
失恆絮問其父之年齒狀貌及先世之名字姻婭之
姓氏里居亦莫測其意姑一一告之或欲妻以女子
誠固辭惟力作以養母越二十年母以疾卒營葬畢

遂裹糧赴遼東知者以存亡莫必沮之子誠泫然曰苟相遇生則共返沒則負骨歸否者老死道路閒不生還矣衆揮涕而送之子誠出關後念父避罪亡命必潛蹤於僻地凡深山窮谷幽隱之處無不物色久而資斧竭行乞無悔心一日於吉林馬家城山中遇老父哀其窮餓呼與語詢得其故爲之感泣引至家款以酒食俄有梓人攜具入子誠計其年與父等心動諦審其貌與母所說略相似因具述其父出亡年月且縷述家世及戚黨冀其或是是人駭欲相認而自疑在家未有子子誠具陳始末乃欻然相持哭盡

文仲輾轉逃避又變姓名爲王友義至是已閱四十餘年而子誠茫茫然相尋訪亦閱二十年餘矣老父感其孝爲謀歸計而文仲流落久多逋負滯不能行子誠乃踉蹌奔還質田宅貸親黨得百金再往竟奉以歸歸七年以壽終子誠得父之後始娶妻有四子其事蓋在乾隆時

楊之春山西太原人嘉慶間來吉林爲逆旅主人養母母史病癲善怒發則箠楚横施順受唯謹一日顯者呵殿過母大詈顯者問是其家甯獨癲者耶蓋將有所治之春則自後戸出趨前數武伏道左請罪問

爇胡不出曰出受責懼毋有所唐突罪益重而肩臂間衣有血疑令袒視齒痕斑斑然毋所齧也問齧時胡不走避曰懼益母怒顯者曰嘻汝歸視母矣母置火非所爇物且熾急撲之匍匐牀下告已滅毋恐母怒捽首批其頰齒脫既問齒安往則以痛而抉去之其事癲母數十年大率類此尚書鐵保以事至吉林書旌其門曰天眞至性是時有三孝子其二則曹孝子韓孝子名迹俱湮矣之春子向陽鄰舍災而母蔡在殯親故來者爲移室所有則號哭跪烟燄中請助移母柩於是柩出而家燼孝子不匱永錫爾類之春

有焉
戚麟祥浙江德清人康熙乙丑進士改庶吉士授翰林院編修累官侍講學士值南書房通數學每祈禱晴雨
聖祖輒命占焉不淹晷刻
世宗嗣位尤重之嘗奉
先皇帝遺硯以賜既引疾歸矣乃以事謫戍甯古塔至戍所語人曰吾不能逆覩以免於禍亦數也雖然某年吾當歸已果
賜環

馬德功字子明故籍山東遷奉天復州尋隨父廷琪
來居吉林缸窰之南屯性孝友樂善居復州時尚幼
出糶米遇山東流民饑無人色念與已故鄉貫傾槖
與之乃槖沙歸置槖疾趨詣塾廷琪詰得笑而不之
責也居平排難解紛於將訟者尤力負而不償多焚
其券道光四年歲祲回兵變旋平而屯派兵車費中
錢八百千有奇屯戶無以應則言於父曰與比閭流
亡吾家某鋪存錢可任此曰與汝弟議之弟亦賢對
曰父兄命之矣何議嘗於郡城逆旅獲遺物一裹檢
視有楮錢三百千待其人昇之十二年入秋遽霜無

穫屯中極貧戶以口計者百餘出積粟二百石按日給踰歲乃止其後償者受之否亦不問生平大率類此年七十有八飭家人治歛具預示以期至期命酒整衣冠據几坐盡兩爵就榻而没子綏艇娶王氏年三十而綏艇没事親御下一時稱女宗課子籍於學其没有婦女百數哭送其柩子姓多不識蓋好振施有翁風云

張鳳來字韶儀安徽鳳陽府人道光季年北應京兆試報罷而家没於水來遊吉林衣冠岸然甚古莫誰何也久之分巡道顧肇熙延教其子一時學者亦多

從其遊好易晚有得於河洛之學閒作小賦自娛多
任天語善同知廉瑞及鄉人記名海關道宋春鰲比
沒春鰲經紀其喪而廉瑞營葬事其塚在會城東門
外有碣其碣有銘略曰黔婁有婦伯道無兒旅瘞萬
里雖有道者其能自釋於冥漠與否殆不可知噫
滕半仙者不知其名山東籍同治閒流轉吉林初會
城至琿春必經甯古塔滕以爲紆獨身鑿山開路閱
二十餘年防軍卒成之視舊近四百里今黑石道是
也生平無他嗜好弊衣履長物一椎一鑿所在義而
飲食之後不知所終因名以半仙云

吉林通志卷一百十六

人物志四十五　列女

塔思泰妻　巴彥達哩妻舒穆嚕氏

雅克舒妻吳氏　同格妻阿蘇氏

叩福德妻瓜爾佳氏　關安泰妻喻氏

淩柱妻赫舍里氏　伊達色妻郭氏

德得妻姚氏　訥伊松額妻顏札氏

倭克精阿妻吳氏　阿爾京阿妻關氏

任九富女弟小俊　貴昌妻楊郎氏

赫舍里氏富陞女　李本業聘妻張氏

徐立中妻馮氏　梁文達妻陳氏

張氏　祁化芳妻王氏

于占鼇妻張氏　賈八某妻劉氏

劉銖妻欒氏　李汝斌妻張氏

馮應魁妻盧氏　張卓妻安氏

郭同生聘妻紀氏　衣尚志妻姜氏

劉珍聘妻任氏　劉氏袁氏張氏

朱氏子妻于氏　于九如妻張氏

楊維清妻馬氏　金廣年妻蓋氏

秦繼宗妻李氏　劉芝妻某氏

靳繩祖妻席氏　魏清妻傅氏
孤景增妻楊氏　王清山妻袁氏
李殿寵聘妻孫氏　李彥亮妻張氏
王瑞琳妻劉氏　郭其昶妻徐氏
王振翰妻張氏　王連沅聘妻李氏
霍氏女　王氏子聘妻梁氏
朱貞修妻于氏　董秀姐
徐景秋妻劉氏　吳廣信妻沈氏
于乃軾妻張氏　王作正妻劉氏
趙氏子聘妻吳氏　吳某妻高氏

吳氏女　王氏子聘妻李氏

伊爾根覺羅氏吉林烏拉正白旗塔思泰妻塔思泰沒自計欲從死則襁褓中兒亡人血食所係欲留撫之則年少而美恐無以自完也於是斷髮毀容屏處一室子長納婦始出而受拜前此雖親串莫之面焉

乾隆十六年

予旌

舒穆魯氏歸吉林烏拉正黃旗巴彥達哩以賢孝稱巴彥達哩將沒曰以老母稚子爲累矣對曰所不即與君偕亦職是故相持痛哭者久之既而事親撫孤

動中禮法乾隆十七年

予旌

吳氏歸三姓正藍旗披甲雅克舒土豪馮仁豔之久覬隙欲污焉大罵以拒氣竭聲嘶卒以不辱爲所害

乾隆十九年

予旌

阿蘇氏吉林烏拉正紅旗前鋒同格妻也同格之沒家無餘貲蹙然曰未亡人已矣顧親在旨甘不具可乎由是早夜作苦貧以爲養知者韙之乾隆二十二

年

子旌

瓜爾佳氏歸琿春正白旗卬福德二年生子而寡舅姑既先亡矣家又貧父母憐之規奪其志則泣訴於夫之從父憫而膳焉父母往覘强以歸既有所聞中夜冒風雪抱其孤走數十里至從父家從父曰卬福德不死矣子長授室有孫瑚松阿官侍衛逮養若而年年九十六乃卒

喻氏歸吉林鑲白旗閔安泰家貧姑老他無期親而閔安泰没用縫紉浣濯爲養姑安之既没營斂若葬皆積年約口腹所儲者族人敬其賢孝以再從子閔

瑞芳嗣納婦生孫知者曰閔安泰之弗墜厥祀也尸之未亡八

赫舍里氏歸琿春鑲黄旗淩柱甫三月淩柱沒室中哭者咸曰天乎若少婦何哭應之曰彼天故能靳我耶其夜遂自縊

郭氏吉林烏拉正黄旗伊達色妻有趙官濟者窺其獨處冒入將犯之倉卒無可呼援力摑其面墜齒官濟負痛且怒遂害之乾隆二十二年

予旌入祀節孝祠

姚氏字吉林正藍旗德得年二十九未婚而德得沒

姚氏聞之曰女從一者也且有父母之命媒妁之言
遂衰服歸婿家以老乾隆二十九年

予旌

顏札氏知書明大義許繼理春正黃旗侍衛訥伊松
額室而訥伊松額以領隊大臣從征金川以殉疆埸
一日顏札氏夢有浴血立鐙下者叱問爲誰曰訥伊
松額也悸而醒以語母氏母曰何作此不祥語而訃
以是日至哭請於父母曰夫其靈馳萬里要兒矣兒
不忍負之也父母從其志衰經往拜主留不復歸時
年十九撫前妻子多倫保有恩義多倫保亦以孝稱

歷官協領嘉慶三年
予旌
吳氏生員德麟之女字吉林正藍旗倭克精阿倭克精阿沒訃至毀容絕粒父母譬之泣曰兒非往爲喪主誓不生矣遂輿往親爲之斂然後成服數日不勝哀而沒旌年未詳
關氏歸吉林委官阿爾京阿咸豐十一年從征戰沒羅山縣吉林馬隊名天下而出殉疆埸忠骸多不歸或牌係辮髮槖載以車驛致數千里外以畀其家蓋天下至酷也關氏檢遺衣招魂以葬而家無長物含

悲茹苦撫子博祿十數年襲阿爾京阿雲騎尉世職
納婦何生孫英奎而博祿英奎相繼没何氏嗣族子
英敏奉姑關氏以守蓋關氏之摧心可想而何氏之
矢志彌難矣姑婦並
敕封宜人且以節婦旌而領催慶順披甲雙福青順亦從
征戰没慶順妻吳氏雙福妻張祖氏青順妻丁氏並
守節待旌此外旗籍待旌者吉林則富平阿妻瓜勒
佳氏德豐阿妻孟氏庫金阿妻張氏貴壽妻傅氏殷
凱妻楊氏俄莫和蘇羅則英德妻何氏伯都訥則淩
德妻胡西哈拉氏百順妻扎胡哩氏常明妻塔齊勒

氏胡成妻博勒吉特氏永福妻瓜勒佳氏和春妻札
斯胡哩氏伊通則雙喜妻關劉氏海保妻孫劉氏岳
松阿妻于齊氏常海妻關金氏常順妻劉薛氏夫
國家不惜一二字之褒以曲慰天下宄之數十年苦節
能貞亦豈爲茲綽楔而一邑一鄉舉者輒累牘未舉
者不知幾何也嗚呼
任小俊三姓崇庫爾站丁九富女弟流人高某調姦
不從出白及脅之拒益厲與母王及九富並爲所戕
光緒十三年
予旌

國家有三尺法付有司使之禁暴乃法所不及至使弱女子以死自衛謂之何哉

楊郎氏歸三姓附學生貴昌事翁姑以孝聞亡何貴昌病没治喪事唯謹然不甚哀翁姑固意其有死心矣繩綷一切皆密屏之一日拜貴昌之靈嗎嗎若有語起拜翁姑且拜且視淚如雨下曰見衣愼勿易哽不成聲矣遂反其室翁知有異令姑趨視則鉛粉狼藉已倚枕而没所衣蓋衰麻也時光緒十有八年

赫舍里氏拉林口口旗

盛京副都統富陞女也父疾亟禱神願身代且刲臂和

藥以進亡何疾瘳女則憊甚矣創發因以沒豈神果許之耶以上八旗

張氏吉林誠信社人字李本業本業沒訃至匿不使知張氏聞於弟慮有他即絞髮要父母趨壻家哭奠柩前自誓年二十一嘉慶四年

予旌

馮氏咸豐二年歸吉林尙禮社徐立中越九年立中沒無出舅姑老矣心憂婦去而他適無覆以一抔孤其麥飯之望馮氏旣窺其意私痛於中又不忍指天日自矢觸二老悲惟益謹所以事之人有恆言曰節

孝馮氏其然

陳氏字吉林永智社梁文達文達之沒泣請父母歸梁氏族人蹕之遴子姓之秀者以爲嗣曰是宜有後也

張氏吉林居仁社人歸王春芳故無行數規之不聽一日負博進無以償或曰渠有婦在何患春芳心動歸盛言倡家之樂張氏曰已無行而並將辱我耶趣之出仰藥死聞者哀之

王氏歸吉林居仁社庖人子祁化芳雖微也婦道克盡化芳寢疾晝夜侍湯藥瘁無人狀垂沒問所以自

處曰吾無子女自處易易耳喪葬禮畢仰藥死年二
十有一父役於歙縣汪士仁爲請當事聞諸
朝
予銀建坊入祀節孝祠且表其墓
張氏吉林六品軍功于占鼇妻占鼇没將斂爲質語
指其死謂所親曰吾生與爲夫妻豈可使獨死遂亦
没蓋仰藥久矣
劉氏籍吉林所居未詳繼賈入某室撫前妻子有恩
居二年既娠而賈病謂曰有錢二千貫娩而男也無
論卽女亦與前兒均對曰好自養子男女事我亦不

能爲政也賈沒而產女送葬歸抱其女且泣且乳既
而置女理妝仰藥以死
欒氏吉林居仁社劉銖妻生一女而銖沒時年二十
有三舅姑語其父母曰既不幸而又貧也奈何乎兒
則泣先父母對曰是有命幸無他言卽凍餓死不悔
由是奉事益謹舅姑相繼沒喪葬儉而中禮嗣夫弟
錄之子教之以母兼父娣姒若戚屬莫不賢而化焉
蓋非僅以節著者
張氏吉林居仁社李汝斌妻年二十一汝斌沒無子
親屬問所以守曰有猶子二又喪其母氏吾撫之幸

而成立亡人兄弟各子其一此吾所以守他非所知也

盧氏知書有婦德故籍直隸撫甯縣旣僑吉林歸諸生馮應魁年二十八應魁與秋賦謂曰不幸親沒冀以科名顯揚然道路遼遠資斧非百金不可不能數辦必得之乃歸否者以兩兒爲卿累矣答曰行也君何憂旣再報罷留滯京師久之音問都絕產蕩於夫弟饘粥不繼稱貸姻族或謂之曰是可常乎且遊子去鄉久而無耗事殆可知何不自爲計盧氏大慟曰君不我助亦已矣是何言由是三旬九食俾子輟讀

而商各授室冢婦劉亦有賢行方年八十獻觴爲壽
時兩子已前沒謂劉曰吾與若茹荼蘗有年今幸温
飽見孫與曾孫良足爲樂然念若翁甘心科名徇之
逆旅則樂不勝其悲也又四年乃沒而應魁者羇魂
不返殆猶望賜第如方干矣噫
安氏吉林永智社張卓妻年二十五卓沒有二子而
苦貧或意無以守矣乃晝出薪櫵夜歸紡績并日而
食卒爲子納婦生孫或以節母頌焉曰始吾但以呱
呱者不可棄而父於呱呱者不可忘何節之有然方
二子未娶窮山破屋晝夜必挾與俱蓋有微旨也

紀氏字吉林誠信社郭同生幼豨也亡何同生沒父母將爲改字卽走郭氏白所以願留爲同生守舅姑哀而許之年始十三耳光緒三年旌

姜氏故籍山東甯海縣年十七歸吉林廳城時未升府衣尚志家初非裕佐以儉勤養舅姑則極豐腆旣寡教子衣雲甚至以貲官郎中同治五年廳城加修廓捐銀六千兩助工封兩代三品母教也光緒八年姜氏年百歲有司聞於朝旌其門曰貞壽

任氏吉林居仁社人年十六許繼劉珍室未娶而珍

沒聞訃奔其喪撫前妻子襁負中以至成立甚有母儀光緒八年旌

劉氏年二十五殉夫姜汝富旌以光緒九年袁氏年二十三殉夫戴雲鶴旌以十二年張氏年三十一殉夫杜成旌以十五年並吉林居仁社人也噫同一里閈先後六載而煒然有烈婦者三社曰居仁信乎其仁矣悲夫

于氏吉林府人（光緒八年由廳升府）歸同里朱氏子娠而夫病日夜祝生男既生女也而夫沒其女則前三日決夫不起斃之矣於是歎仰藥救免舅姑浼其父母迎歸

開譬夫葬有日徧拜父母若兄弟行登車以去葬日
辨色起侍其姑盥櫛畢反室更衣卒自絞也方在疾
不數數哭泣葢自幾所生女已以身與死盟故雖稽
時日而百折不回如此未幾母家弟婦張氏亦以烈
聞
張氏歸于九如數年九如病亟與之訣且勸自愛答
曰孰謂君死而我乃獨生乎九如沒八日仰藥以死
人初不知葢懼如于烈婦爲救者所持也
馬氏吉林紅旗屯人歸同里楊維清年二十一而維
清沒子曰芳林生始四月而翁姑並七十餘用十指

爲事畜子長娶婦生孫柏齡婦没又撫孫至成立性好施予鄉里有急斥簪珥及衣濟之不惜卒年八十有四以曾孫貴封二品夫人而曾孫女或以貞或以孝與其節遥相輝映云楊貞女柏齡次女也字庠生林焕春年十七于歸有期焕春没僵卧三日不食父兄譬喻甚至不答至許爲焕春守乃哭謝歸林營葬事家貧也翁姑老多疾夫兄癡而嫂瞽以勤儉相撦柱兄遣子來省視睹其窮瘁至爲流涕以祖母命要之歸盡日輒返或强留焉則泣曰祖父子孫懽然自得奉事亦不乏人吾翁姑待我爲炊頃未知食否也

忍不返夫諸父悲而賢之以其孫嗣楊孝女則柏齡
幼女歸郡人董貞一在室時母高病危及左手小指
和藥以進遂瘥兄知以金爲之指且銘其上曰寸指
寸金寸心既適貞一三十而寡敬事翁姑門以內食
指繁數於孝女無間言年今八十有奇五世同堂閻
氏者柏齡之孫婦也初將來歸祖母病醫藥皆窮寡
母幼弟計無所施則潛刲臂肉熰湯進之病良已歸
楊日母與理衿襘乃得其故哭失聲志於節婦貞女
若孝女例分編以仍世媲美類傳焉而閻氏亦附著
蓋變例也又柏齡子誠一官直隸永年縣知縣則所

傳貞女孝女之兄也其孝女歸郡庠生于慕忱亦嘗

封臂愈母張疾以孝女稱云

葢氏者居吉林涼水泉而金廣年之妻也廣年貧耿

一目所識牛春善治生未娶一日戲語廣年汝何修

而得美婦廣年心動曰若豔我婦予我百金我以婦

予若春曰善汝婦不從奈何曰姑言之則偕往廣年

先入謂曰相守貧死耳牛春許我百金聘汝爲妻汝

得所而我亦資以生孰與相守俱死葢氏曰貧死命

也以貧而鬻其婦生何心矣噭然哭廣年出語春是

宜緩計俄而哭頓止入視已自縊於壁疾呼春共解

之春因摩弄其足踵以足抵春仆走厨中取刀自斫其足立墜遂昏卧血泊中鄰里趨視啞廣年且將執春春懼請奉百金者療之廣年亦自悔非人力營負販育子姓甚繁而蓋氏之聲大著没光緒十有八年昔人傳列女有乞食逆旅逆旅主人牽其臂而自以刀截之者以爲不可以一體汙一身其與蓋氏後先同揆而貞心烈氣荼視冰霜矣

李氏籍吉林居仁社年十九歸同里秦繼宗事翁姑以孝聞而繼宗善病數禱於神願減已算延之卒不起翁姑知將以身殉哭謂之曰新婦死從亡兒則得

矣吾二人者焉託由是留事翁姑且以族子爲繼宗
嗣年今五十有五待旌其同社待旌者荆嶙之妻朱
氏嚴敏之妻秦氏楊潤之妻梁氏自外劉年之妻馮
氏李廣德之妻張氏林向青之妻鄭氏李泰之妻甯
氏甯克才之妻孫氏甯興文之妻于氏張曰怙之妻
周氏戴廣龍之妻赫氏孫有兒之妻張氏大抵皆郡
人而郡人之社可詳者克勤社喬永順之妻張氏存
儉社胡興之妻馬氏其附郭則東關侯殿魁之妻牛
氏又農安縣農康社張鐸之妻沈氏農儉社裴悅寬
之妻李氏農和社曲學禮之妻常氏亦待旌

某氏伊通州尙禮社人歸同里劉芝紬於生事佐之以勤六年而芝沒有子三齡家徒四壁立矣用十指自活且俾其子列弟子員久之又沒無子爲擇族姓嗣之嘗曰四十年未亡人何者不歷而仍奪吾子所謂天者果有之耶年今七十有二而長春郭家屯劉氏歸同里王某旋沒誓死以守族人曰不可使無後也爲立嗣所嗣卽孝子王元賓之子也並待旌

席氏敦化縣人歸同邑靳繩祖年二十九繩祖沒教二子使一耕一讀怡怡然也治家嚴整寡居數十年雖親近罕見

傅氏歸敦化縣魏清清沒日茹荼蓼而舅姑之養無缺舅姑沒斂且葬教三孤皆有成論者曰是其心宜耗盡無點血矣

楊氏敦化縣孤景增妻年二十八景增沒作苦養姑及子姑沒竭力營殯葬子尋授室夫單門搘拄特一貧窶未亡人得不謂之難乎

袁氏長春懷惠鄉人歸王清山清山病將沒從兄清海來視私語之曰弟婦苦亦至矣僅一女而貧何以守弟死當令母女得善所毋多要索時已微聞欲哭慮傷病者心强忍爲慴仆於地旣甦乃嗷然曰我不

能以身與人易錢也清山沒旋葬葬訖早夜取舊衣爲女改製十數事一日清海偕戚屬至有所議議罷將語之已自縊於别舍時其鄉又有孫烈女

孫氏幼字李殿寵殿寵沒請奔喪母氏不可遂不食越三日母曰我老矣兒死我亦何用生爲乃强起踰年别爲議婚知不可止乃語鄰女曰我所以忍死冀終母天年今不復能待也沐浴理妝飲藥而縊李氏迎與殿寵合葬焉

張氏長春懷惠鄉人歸李彥亮年二十七彥亮病垂没謂曰吾有兄與弟至事病母則在若矣泣許焉母

病十餘年不離牀笫飲食一切雖有娣姒惟張氏之
適於是悲纏心骨抑不自露而視聽於形聲之無夫
兄若弟負博進無以償則斥奩具好謂之曰請償以
此後勿博者可乎兄弟亦深自悔艾治生致小康門
以内雍雍然也則尤彥亮没時所望不到此者時同
里劉氏亦以節著其言殊嚴雋可喜云
劉氏歸王瑞琳瑞琳没年始二十一鄰婦以無出勸
改適曰雖無子女不有翁姑爲新婦所當事乎且而
故有夫夫亡勸改適而夫不而懼乎族人韙其言以
子嗣之

徐氏居長春府懷惠鄉歸生員郭其昶生一女其昶病没年二十有二舅姑知其性烈謂曰兒不難一死奈二老暨呱呱者與兒共命何由是抑而受教奉事備至舅姑相繼没罄所有營葬女長里俗或贅婿爲嗣所親以爲言曰宗祧不可亂也卒嗣其昶從子纂鄉黨稱女宗或曰徐節婦云

張氏長春府沐德鄉人適王振翰振翰病且没執手謂曰以年之少又無所庇以生死目不瞑矣泣對曰此無慮果不幸當與偕探枕畔所藏示之毒物也振翰瞑即服以死光緒十三年

予旌

李氏字長春恆裕鄉王連沅連沅沒聞之仰藥死夫曰貞女恩則未接情則未孚徒顧名義而爲之守雖復百年皆無聊賴之歲月死宜也然而恩故未接情故未孚至徇名義而爲之死抑亦酷已

霍氏居長春大家溝幼所許字者沒或飲其家道而嗟惜之聞遽入室久不出父母就視自縊死矣所許字爲誰不獲附霍氏以傳其有餘恫乎

梁氏者名坡長春西北鄉人幼字同里王氏子貧未克婚而以鹽着近村孫某富室也出貲誘其父母以

爲妻行有日矣聞則迹婿所在告以故偕亡婿之姑氏孫訟於廳倅判歸孫歸孫之夕自縊死梁氏迫歸活命之婿不得謂私逃婚與已聘之妻偕亡不得謂拐帶且恃財肆暴此良有司所亟欲治也斷而歸孫於律奚據誰欺廳倅曷不尸諸

于氏伯都訥廳人歸同里朱貞修性端淑姻族無間言年二十五貞修沒家之人意必殉之也防特嚴則故揚揚若不甚戚於是稍弛遂自縊以死光緒六年予旌

董秀姐伯都訥廳人生十九待字同里于某至強暴

也遇將污之且駡且盡死力以拒至爲所殺卒不辱

光緒六年

予旌

劉氏伯都訥廳郝家屯人歸徐景秋年二十八而景秋没翁慟子病癱姑前没殯溺狼藉所在與澣除無倦言時其飲食唯謹如是十餘年鄰里聳異子二俾長者讀衣食不給而所以供師必豐或就其子談藝輒欣然具鷄黍嘗謂之曰汝但能讀父書我窮餓死亦含笑入地矣

沈氏伯都訥廳人歸吳廣信年二十九而廣信没家

蓋貧甚矣有兩歲孤而姑年已老於是任其十指晝夜不遑戕三十載姑終養喪葬所資及子長授室皆拮据於手而又節口腹畜之者也光緒十六年

予旌

張氏五常廳安惠社人年十九歸同里于乃軾未期乃軾沒日天豈欲絕于氏乎於是出匳貲奉姑請爲翁置妾舉二子子長又罄匳貲爲娶婦旣舉子以嗣乃軾其事翁姑亦極其孝而身享大年于氏不絕如縷實似續之人定勝天觀張節婦可見也光緒十六年

予旌

劉氏奉天復州人歸五常廳生員王作正年二十六作正沒事舅姑舅姑忘喪其兒撫子女子女如嚴其父也家政井井然鄉里以爲法光緒十六年

予旌

吳氏雙城堡人通詩禮字同堡趙氏子趙沒爲之髽或曰室女而髽非禮也曰禮不云父母許嫁笄乎卒矢死以守嘗

予旌其年未詳

高氏者雙城堡人爲強暴所迫不辱死所天則吳氏

也嘗被旌其年與事及所夭之名宜有尸其責者哀哉

吳氏失其里居字趙氏子名亦未詳未婚而所夭没爲斬衰以守終其身窮鄉僻壤類此者幾何且有並姓氏不得而識焉者嗚呼

李氏幼字阿勒楚喀之黄溝王氏子年十五以疾没聞欲往弔父母阻之則泣曰兒已字人此身非父母有也强留何爲遂病病三月而瘥得洋藥服之語父母曰慈兒者以兒尸畀王氏於是王氏迎其喪啟穴合葬焉時光緒十有五年而吉林永智社楊貞女字

同里王殿殿没誓死以守他事實未詳亦旌典所宜

及

吉林通志卷一百十七

人物志四十六　列女表一

打牲烏拉　伊通　鄂穆赫索羅附

	乾隆二十四年
鑲黃旗	納喇氏 兵巴爾虎妻
正黃旗	
正白旗	舒穆嚕氏 兵馬爾賽妻；康氏 李傑妻；曾氏 兵舍
鑲白旗	
正紅旗	
鑲紅旗	
正藍旗	
鑲藍旗	

旌

伊爾根覺羅氏閑散博爾特妻

伊爾根覺羅氏富成妻

伊爾根覺羅氏打牲丁松國托

富察氏珠軒達西柱妻

瓜爾佳氏驍騎校碩色妻

立妻

舒穆嚕氏打牲丁瑪爾太妻

伊爾根覺羅氏打牲丁阿奇那妻

乾隆二十

妻

胡氏　兵福普泰妻

富察氏　打牲丁王達妻

富察氏　筆帖式哈達妻

張氏　打牲丁桃子妻

瓜爾佳氏　閑散札密達妻

韓氏　梅勒色爾太妻

李氏　打牲丁老千子妻

顏扎氏　打牲丁殷太妻

王氏　德希奈妻

高氏　打牲丁烏三泰妻

趙氏　佛保妻

錫特勒氏　閑散額曹特妻

瓜爾佳氏　打牲丁朱蘭泰妻

李氏　噶喀達妻

王氏　打牲丁金吉妻

李氏　丁德爾賚妻

瓜爾佳氏　打牲丁廸楊阿妻

尼瑪齊氏　領催烏三泰妻

瓜爾佳氏　梅勒德爾太妻

宋氏　打牲丁阿岱妻

九三十年彙旌 乾

錫克特	理氏閑散	六色妻	懷氏打牲	丁六十五妻	喜塔喇
錫克特	理氏梅勒	海青妻			張氏打牲
瓜爾佳	氏打牲哈哩	妻	舒穆嚕	氏穆珠琥妻	常氏打牲
趙氏阿思泰妻	王氏尤宗孟妻				
趙氏打牲	丁雅布薩妻				劉氏梅勒
					富察氏
錫克特	理氏筆帖	式翁色妻	常佳氏	兵苗生妻	趙氏打牲
張氏打牲	丁章艮妻	白氏閑散	楊色妻		錫克特
張氏打牲	丁瑪奇妻				富察氏

隆三十一三十二年彙旌

氏閑散花苟妻　佟氏打牲丁莽喀妻　趙氏楊朝武妻　鄂齊哩氏閑散布善妻　李氏打牲

丁鄂三妻　李氏打牲丁希那妻　李氏那思泰妻

丁馬爾妻　西氏法爾那妻　趙氏打牲丁雅爾賚妻　常氏川岱妻

娘娘保妻　李氏閑散六雅圖妻　富察氏打牲丁噶爾薩妻

閑散豐盛阿妻

丁哈西那妻　韓佳氏兵楊福妻

理氏打牲丁西楞泰妻

兵雅克薩妻　趙氏打牲丁赫善妻　舒氏打牲丁希佛訥妻　奚氏閑散阿李妻

	乾隆三十三年旌				
丁烏岱妻	韓氏兵那署妻	韓氏打牲丁鄂爾奈妻	趙氏閑散瑪爾賓妻	趙氏穆都訥妻	
	趙氏打牲丁圖爾泰妻	趙氏額爾泰妻	陳氏劉秀妻	納喇氏何德妻	
劉氏烏拉妻					
	夏氏打牲丁穆吉妻				

三

乾隆三十四年旌

郭氏梅勒瑪爾吉妻

趙氏打牲丁瑪色那妻

納喇氏

花爾泰妻

張氏打牲丁那恆妻

王氏伊爾訥妻

錫克特理氏驍騎校花色妻

石氏閑散蘇柱妻

趙氏壯丁邵蘇柱妻

瓜爾佳氏打牲丁烏巴勒妻

乾隆三

花氏打牲丁達爾賽妻

窩古塔

趙氏打牲丁馬思泰妻

李氏巴揚

彥扎氏打牲丁六十妻

唐氏閑散

瓜爾佳氏梅勒博壽妻

常氏打牲丁扎思泰妻

趙氏打牲丁六十四妻

十五年旌

氏興海阿妻　妻

莽齊妻

唐氏　瑪思泰妻

趙氏　壯丁楊玉妻

乾隆三十六

伊爾根覺羅氏　兵八十一妻

吳氏　打牲丁三達色妻

周氏　打牲丁馬起妻

舒氏　關保妻

徐氏　閑散

富察氏　兵雙頂妻

宋佳氏　兵那思泰妻

趙氏　打牲丁色楞泰妻

王佳氏　兵興保妻

侯氏　打牲丁瑪爾妻

旌年	乾隆三十七年
王氏阿爾奈妻 趙氏赫成額妻	瓜爾佳氏打牲丁瑪爾布妻 韓氏舒得功妻 錫克特
額英額妻	高氏打牲丁佛保妻 李氏甯古台妻
	夏氏打牲丁圖色妻 謝氏拜色妻
	伊爾根覺羅氏閑散傅蘭泰妻
	烏打拉氏打牲丁庫查妻
	馬氏打牲丁敦吉妻
	富察氏梅勒達爾賽妻 王氏珠軒達來佐妻

旗

乾隆三十八年旗乾

理氏 艾齊妻

周氏 打牲丁六達色妻

趙氏 三小妻

張氏 壯丁李天培妻

王氏 閑散

王氏 打牲丁希爾泰妻

劉氏 梅勒

瓜爾佳氏 委署驍騎校巴喀那妻

顏扎氏 閑散威騰保妻

瑪奇氏 梅勒九達妻

趙氏 閑散添壽妻

瓜爾佳氏 梅勒噶米妻

譚氏 珠軒達科色訥妻

隆三十九年旌

雅奇那妻

德勇妻

尼瑪齊氏兵扎爾賽妻

張氏打牲丁訥爾賽妻

郎氏延泰妻

瓜爾佳氏九兒妻

喜塔喇氏打牲丁德希那妻

張氏瑪訥都妻

尼瑪齊氏兵呼木保妻

張氏打牲丁希佛奈妻

常佳氏珠保妻

韓氏梅勒瑪爾泰妻

屈氏打牲丁薩哈齊妻

乾隆四十年旌

瓜爾佳氏梅勒額勒德妻
盧氏打牲丁巴格妻

韓氏打牲丁王永妻

伊爾根覺羅氏兵穆雅訥妻
巴雅喇氏打牲丁拉子妻
趙氏瑪揚阿妻
劉氏壯丁鄭子剛妻

索氏打牲丁那爾泰妻

伊爾根覺羅氏領催八十妻

趙氏打牲丁三達色妻
伊爾根覺羅氏幼丁賴保妻

乾隆四十一年至四十四年

瑪希氏 打牲丁桑格妻

瓜爾佳

張氏 珠軒達達赫色妻

孫佳氏 兵古斯泰繼妻

趙氏 打牲丁降保妻

王氏 梅勒七格爾妻

劉佳氏 兵杭柱妻

瓜爾佳

王氏 打牲丁鄂克托妻

瓜爾佳氏 閑散白達妻

董氏 打牲丁長保妻

顧氏 幼丁戴英妻

陳氏 幼丁

彙旌

乾隆四十

氏打牲丁來茂賚妻

趙氏老格妻

盧氏鋪副蘇爾飛妻

穆車氏兵南珠拉妻

鄂齊達氏幼丁扎爾泰妻

郎氏打牲丁瑪斯泰妻

吳氏閑散二達色妻

氏珠軒達佛爾赫納妻

伊爾根覺羅氏兵塔納保妻

老格妻

瓜爾佳氏幼丁伊晉泰妻

五至四十八年彙旌

梅赫理氏兵德豐妻

伊爾根覺羅氏兵福斯庫妻

瓜爾佳氏閑散裕倫泰妻

瓜爾佳氏防禦關成繼妻

瓜爾佳氏閑散四格妻

陳佳氏兵烏里木妻

舒佳氏兵阿揚阿妻

沈氏綽和那妻

閑散

伊爾根覺羅氏兵關泰妻

以上盛京通志

嘉

那拉氏

富察氏

舒穆嚕

謝佳氏

富察氏

叚氏

幼丁

那拉氏

王佳氏

慶年先後彙旗

幼丁德魯妻
佟佳氏
幼丁博勒滾妻
康佳氏
兵阿圖里妻
烏色氏
哈金泰妻
伊拉哩
氏兵伊圖𡍼妻

幼丁三德妻
富察氏
德色訥妻
穆察氏
德明善妻
瓜勒佳
氏七十五妻
魯佳氏
音德穆保妻
郭佳氏

氏幼丁蘇克精額妻
鄂爾霍
楚克氏
精山妻
劉佳氏
兵德凌妻
瓜勒佳
氏英德妻
瓜勒佳

兵富德妻
陳佳氏
幼丁全尚妻
陳佳氏
兵德盛妻
張佳氏
幼丁三達色妻
瓜勒佳
氏兵富建保妻

領催托羅妻
高佳氏
領催無品級筆帖式富永妻
瓜勒佳
氏兵佟保住
妻
張佳氏
幼丁常福妻
伊爾根

富德保妻
瓜勒佳
氏兵全德妻

閑散齊德妻
巴岳爾
氏阿林保妻
濟斯圖
氏幼丁永慶妻
伊爾根
覺羅氏
青泰妻
烏扎拉

閑散門保妻
富察氏
奈新保妻
西特呼
哩氏代新保妻
那拉氏
幼丁雙歡妻
關氏芬德妻

韓佳氏蘇克精額妻
烏扎拉氏閑散德申保妻
瓜勒佳氏伊通兵鄂隆阿妻
薩克達氏珠森保妻

錢保妻
延扎氏兵勒穆訥妻
鄭佳氏驍騎校和綳額妻
吳佳氏幼丁石柱妻
伊爾根覺羅氏

氏幼丁富德妻
納喇氏閑散色克精額妻
納喇氏赫特妻
莫勒德哩氏鄂穆赫索羅兵西金

姜佳氏雙孝妻

覺羅氏兵永福妻
康佳氏永德妻
劉佳氏幼丁額興額妻
伊爾根覺羅氏幼丁五小妻

氏兵哈敷訥妻
瓜勒佳氏閑散穆克德木保妻

趙氏西林德妻
趙氏烏興阿妻

富察氏
閑散卓善
琿保妻妻
伊通閑保
散德爾妻
伊爾根

延扎氏莫克吉覺羅氏

六金
德妻
勒氏
巴保
妻
閑散和
保妻
扎庫塔

那拉氏
來保
妻
白氏
凌阿
妻
氏
兵沙
保妻
趙氏
巴爾

瓜勒佳
哈那
妻
氏
兵白
瑚妻
傅氏
順海
瓜勒佳
妻

氏拜色妻
瓜勒佳氏花山保妻
瓜勒佳氏閑散舒林保妻
奇塔拉氏達林泰妻
秀莫哩氏兵瑚新保

林氏西青阿妻

妻

徐穆嚕氏 西清阿妻

富察氏 閑散常明妻

甯古台氏 扎拉芬妻

何社哷氏 索倫泰妻

那拉氏

兵圖欽保妻

道光年先後彙旌

同

傅察氏［打牲丁六十七妻］蘇嚕氏［瑪林保妻］關氏［打牲丁色普鑑額妻］瑪尼氏［胡松阿妻］那

拉氏［塔英阿妻］趙氏［克興額妻］常佳氏［富勒洪阿妻］傅察氏［凌福妻］關氏［雙德妻］那

拉氏［色普徵額妻］烏色氏［博綸泰妻］魏佳氏［打牲丁舒舒那依妻］趙氏［英保妻］關氏［烏章

阿妻］關氏［永清阿妻］佟佳氏［奇永妻］關氏［打牲丁喜永成妻］瓜勒佳氏［四十五妻］陶氏［賡尼音

保妻］扎拉哩氏［墨德妻］蘇穆嚕氏［額騰額妻］杜盧嚕氏［博勒和泰妻］瓜勒

佳氏［打牲丁哈達布妻］陳佳氏［圖明阿妻］尼瑪察氏［打牲丁莫烏泰妻］瓜勒佳氏［打牲

丁文特保妻］佟佳氏［打牲丁色普徵安妻］趙氏［富山妻］巴雅拉氏［關佟阿妻］趙氏［全喜妻］

徐佳氏［打牲丁葉普崇額妻］常佳氏［額勒春妻］吉普察氏［伊通元寶妻］關氏［雅欽保妻］瓜

勒佳氏［鄂穆赫索羅烏明阿妻］吳蘇氏［戴豐阿妻］［以上據冊檔旗分未詳］

馬佳氏［打牲丁舒和泰妻］張佳氏［依凌阿妻］劉佳氏［穆凌阿妻］關佳氏［英春妻］孫佳

治光緒年先後旌

氏訥明阿妻

佟佳氏勝全妻

關佳氏依明阿妻

屈佳氏打牲丁巴揚阿妻

汪佳氏打牲丁同山妻

會佳氏打牲丁雙全妻

張佳氏忠祿妻

趙佳氏打牲丁格圖肯妻

劉佳氏打牲丁明常妻

舒佳氏博淩阿妻

劉佳氏打牲丁烏勒登額妻

徐佳氏打牲丁富貴妻

趙蕭氏鄂穆赫索羅雙淩妻

兵吳楊氏鄂穆赫索羅兵吳順妻

何奇勒氏鄂穆赫索羅德慶妻

何吳氏鄂穆赫索羅海德妻

何關氏鄂穆赫索羅連成妻

以上據冊檔旗分未詳

劉氏採珠人三達妻　郭氏穆精額妻　吳氏立秋

沈氏打牲烏拉採珠人老格妻　趙氏哈達妻

閻氏採珠人六德妻　閻氏五德妻　趙氏全亮

常氏打牲烏拉採珠人額淩青妻　關氏七十五妻

吳氏採珠人二達子妻　郎氏瑪斯泰妻　張氏依長

董氏打牲烏拉採珠人九十一妻　關氏雲福妻

謝氏採珠人阿揚阿妻　王氏德壽妻　曲氏銀德

高氏打牲烏拉採珠人美德妻　趙氏山森保妻

妻　常氏阿林保妻　王氏富爾精額妻　姜氏金錢爾妻　趙氏德爾妻　王氏喀陞

關氏吉通阿妻　劉氏德保妻　楊氏淩保妻　舒氏海青妻　趙氏五十七妻

妻　楊氏滿壽妻　佟氏八十妻　王氏舒沖阿妻　王氏全喜妻　伊氏全福

趙氏哈鍋兒妻　趙氏舒通額妻　劉氏雙明妻　馬氏五達妻　張氏舒通保妻

阿妻　王氏來保妻　王氏德林妻　王氏老哥妻　王氏德壽妻　佟氏馬童

趙氏沖哥妻　關氏色林保妻　李氏常德妻　韓氏富亮妻　關氏他那保妻

妻　傅氏長生妻　楊氏西拉布妻　趙氏八十九妻　趙氏富春妻　侯氏常生

張氏富爾青阿妻　常氏長明妻　莊氏舒克精阿妻　錢氏田珍妻　關氏吉祥妻

額妻　郭氏太德妻　李氏金忠阿妻　王氏穆勒薩妻　關氏富淩額妻　任氏楊敦

張氏斐音青額妻　楊氏平安妻　趙氏烏勒恭保妻　趙氏烏林保妻　劉氏保山妻

妻　吳氏全慶妻　伊氏成祥妻　楊氏捕魚八巴彥泰妻　吳氏鈕隆阿妻　馬氏奇魁

趙氏德謙妻　吳氏七十五妻　王氏雙喜妻　景氏富貴妻　傅氏德順妻

妻　趙氏永福妻　劉氏官音保妻　郎氏巴福妻　常氏六達妻　陳氏金財

關氏塞克精額妻　謝氏富順妻　王氏富祥妻　韓氏滿昌妻　唐氏金城妻

妻　奚氏慶敏妻　程氏春亮妻　王氏穆特佈妻　常氏富通阿妻　李氏來羣

孫氏喜成妻　趙氏根羣妻　韓氏喀爾春妻　奚氏捕魚八明福妻　梅氏扎蘭泰妻

妻　奚氏南爾妻　趙氏特松阿妻　侯氏代興妻　高氏愛保妻　石氏小爾

趙氏他克他霍妻　關氏全福妻　楊氏百達妻　楊氏來兒妻　張氏春良妻

妻　趙氏開春妻

盧氏保榮妻　沈氏連喜妻　高氏多隆阿妻　關氏六十五妻　劉氏常永妻

妻　關氏慶壽妻　趙氏巴圖哩山妻　那氏泰收妻　趙氏黑胖兒妻　韓氏喜狗

關氏羣喜妻　趙氏保全妻　趙氏春有妻　李氏全順妻　楊氏成林妻

妻　郎氏東成妻　于氏捕魚人文謙妻　高氏三春阿妻

郭氏德成妻　劉氏楊成妻　奚氏勒福妻　萬氏官順妻　關氏扎庫奈妻

妻
盧氏 明常妻
那氏 七十一妻
楊氏 富祥妻
趙氏 有成妻
劉氏 連順

王氏 富成妻
高氏 德福妻
常氏 喜拉泰妻
趙氏 榮德妻
常氏 滿福妻

鄭氏 慶春妻
奚氏 捕魚人馬來妻
張氏 書亮妻

兒妻
劉氏 和生額妻
楊氏 慶喜妻
趙氏 春兒妻
傅氏 捕魚人板小兒妻
李氏 六成

姜氏 捕魚人太小兒妻
張氏 王德妻
趙氏 偏兒妻
傅氏 太生妻
那氏 保全妻

張氏 六十八妻
趙氏 雙成妻
張氏 什成阿妻
徐氏 七十九妻
錢氏 長保妻

妻　李氏偏頭妻　閻氏全山妻　張氏八十妻　姜氏小爾妻　韓氏七十

傅氏海安妻　李氏九德妻　吳氏傻爾妻　趙氏什金泰妻　趙氏依其奈妻

妻　關氏富精阿妻　田氏增保妻　石氏達沖阿妻　魏氏胡德妻　郎氏英順

六
妻謝氏烏成
妻吳氏純有
妻劉氏烏能
尼妻張氏老格
妻關氏銀生

趙氏阿勒
琫阿妻關氏祥德
妻侯氏明成
妻關氏長青
妻趙氏尼金
泰妻

妻

五

妻

舒氏烏林保妻

趙氏九成妻

趙氏安祿妻

關氏喜亮妻

李氏明順

佟氏富貴妻

閻氏泰德妻

關氏敏海妻

劉氏連生妻

潘氏常泰妻

妻 趙氏銀壽
妻 傅氏根生
妻 萬氏喜德
妻 姜氏連成
妻 趙氏根海

奚氏郭興
保妻 關氏全有
妻 王氏當午
妻 戢氏圖桑
阿妻 郭氏麥得
妻

妻

關氏雙全妻

高氏富喜妻

趙氏巴音佈妻

趙氏三喜妻

趙氏勝得

李氏富淩保妻

鞏氏銀咬妻

胡氏舒蒙額妻

關氏依隆妻

張氏富生妻

妻
趙氏平喜妻
關氏有山妻
奚氏臘春妻
杜氏添來妻
王氏捕魚

侯氏滿斗妻
韓氏東生妻
石氏依淩阿妻
朱氏烏勒恭阿妻
陳氏穆吉楞額妻

八德杜妻	馬氏曹德妻	趙氏白德妻	謝氏八小妻	高氏麥得妻	伊氏張虎
王氏官成妻	常氏倭新佈妻	常氏發瑞妻	關氏富良妻	楊氏金城妻	

妻
趙氏色克精額妻
趙氏胡郎阿妻
閻氏德隆妻
馬氏全有妻
文氏德淩

戚氏海成妻
關氏滿壽妻
盧氏八十兒妻
劉氏多羅隆阿妻
楊氏連成妻

妻
關氏五十
妻
趙氏雙福
妻
趙氏金虎
妻
常氏來有
妻
關氏萬春

姜氏其格
妻
趙氏來成
妻
王氏三喜
妻
舒氏珠祿
妻
李氏六十七
妻

妻

韓氏 妻 德壽
張氏 妻 春德
鄭氏 妻 銀海
盧氏 妻 春財
劉氏 妻 雙喜

常氏喜林妻

葛氏鳳山妻

王氏玉格妻

趙氏占奎妻

佟氏春深妻

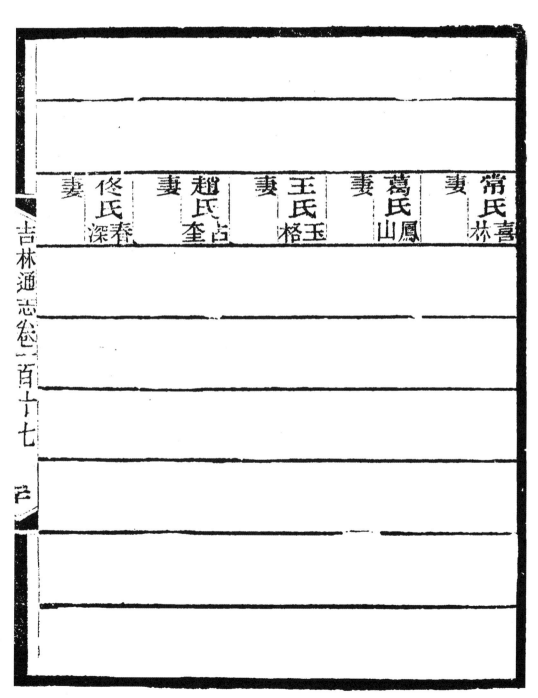

趙氏萬有妻

趙氏富勒琿妻

王氏富喜妻

康氏雙山妻

奚氏盛全妻

張氏捕魚人銀山妻

關氏榮德妻

郭氏富有妻

王氏穆通阿妻

韓氏滿昌妻

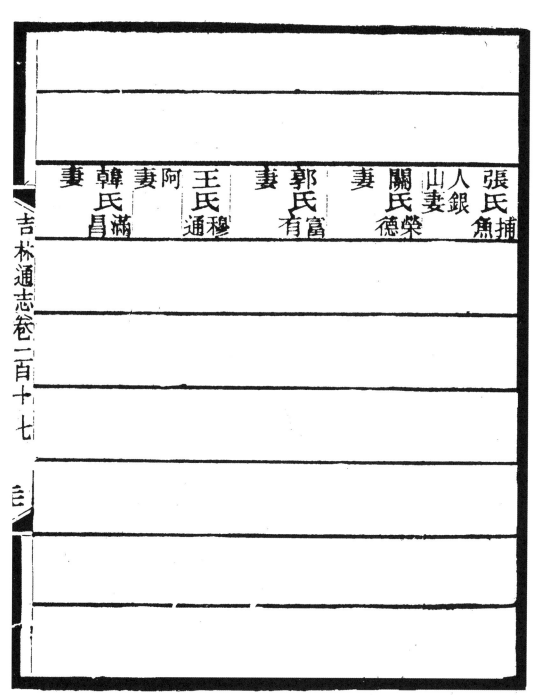

劉氏 妻
生羣

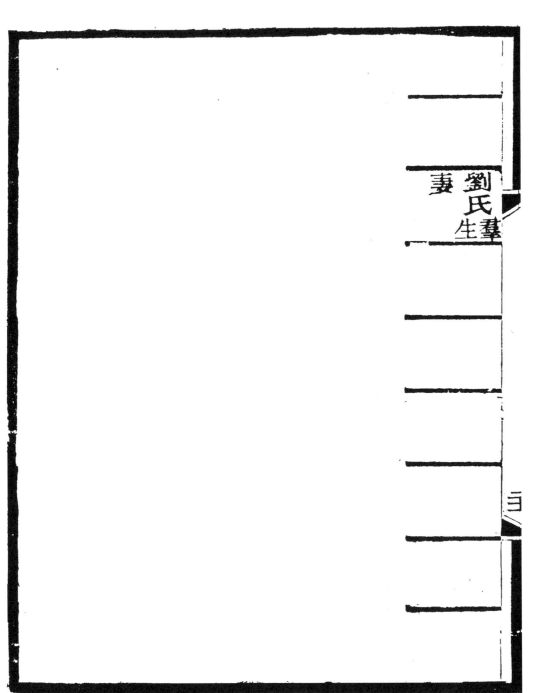

吉林通志卷一百十八

人物志四十七　列女表二

甯古塔

	康熙雍正時先後
鑲黃旗	尼哈拉氏兵尼雅訥妻　瓜爾佳氏達米那妻　烏扎拉
正黃旗	瓜爾佳氏兵托囉妻　富察氏溫都妻
正白旗	瓜爾佳氏兵馬泰妻　烏蘇氏依拉奇妻
鑲白旗	甯古塔氏兵長生妻　扎庫塔氏阿敦妻
正紅旗	瑪他拉氏兵雅圖妻　瓜爾佳氏和布納妻
鑲紅旗	張氏兵佛岳洛妻
正藍旗	庫雅拉氏兵長格妻
鑲藍旗	富察氏兵納和妻　和雅氏百祿妻　和雅氏喀爾布妻

旌

乾隆十二十四

氏碩色妻

瓜爾佳氏兵烏木拜妻

舒穆嚕氏兵薩爾圖妻

富察氏閑散德舒妻

扎庫塔氏兵瑚希那妻

烏蘇氏五太妻

舒穆嚕氏兵福壽妻

郭氏兵蘇萬妻

閻氏郭新岱妻

妻

瓜爾佳氏兵滕特妻

庫雅拉氏筆帖式罕岱妻

瓜爾佳

瓜爾佳氏兵那蘭泰妻

富察氏兵巴爾呼善妻

烏蘇氏

葉爾庫勒氏領催董造妻

和雅氏

驍騎校愛東阿妻以上舊志年分未詳

尼瑪察氏兵舒渾太妻

默爾哲勒氏索莫那妻

十八二十二七一年旗

富察氏 前鋒塔庫那妻
齊特哩氏 兵達成妻
烏蘇氏 兵巴爾虎太妻
薩克達氏 吉成妻
烏蘇氏 三保妻

尹氏 南太妻
伊爾根覺羅氏 兵保住妻
孟氏 布魯奈妻
都爾勒氏 吉爾泰妻
烏扎拉

氏 兵卓爾多 領催伊都里妻
尼瑪察氏 呼錫塔妻
尼瑪察氏 索柱妻

默爾哲氏 兵那爾呼善妻

乾隆二十四十二十

氏五十六妻
馮氏按泰妻

瓜爾佳氏兵那岱妻
薩克達氏前鋒德爾善妻
烏蘇氏兵穆里布妻

劉氏閑散白達色妻
瓜爾佳氏領催木舒妻
瓜爾佳氏兵京凱妻

烏蘇氏兵貝都妻
瓜爾佳氏兵南住虎妻
默爾哲勒氏蘇巴格延妻

伊爾根覺羅氏兵愛那妻
富察氏兵倫序妻
富察氏

舒穆嚕氏兵威沙哩妻
劉氏兵汪色妻

富察氏兵塔思太妻

伊爾根覺羅氏兵七十六妻
赫哲氏兵博倫托妻

託果羅氏領催塔思太妻

六年旌	乾隆二十八
	瓜爾佳氏兵烏善妻　阿蘇塔氏兵諾爾圖妻
	果爾羅氏兵音保妻　伊爾根覺羅氏閑散呼爾布善
太妻　烏蘇氏阿哈那妻　岳氏領催五格妻	富察氏兵英保妻　瓜爾佳氏阿爾布善妻
薩克達氏領催罕住妻	梁氏兵伊庫里妻　薩克達氏兵岱都妻　富察氏
	託果羅氏兵旺阿哩妻
	尼瑪察氏兵滿珠納妻　尼瑪察氏兵赫本泰
	舒穆嚕氏閑散克爾圖妻　默爾哲勒氏兵瑪

年至三十六年旗乾隆三

烏蘇氏 兵八十一妻
薩克達氏 兵富爾吉納妻
烏蘇氏 六格妻
甯古塔氏 兵拉思泰妻

妻
薩克達氏 兵索柱妻
扎庫塔

烏扎拉氏 兵烏倫泰妻

兵德思太妻
哩齊拉氏 閑散登奇奈妻
姜氏 兵西蘭泰妻
烏扎拉氏 閑散吉保住妻

伊爾根覺羅氏 兵常齡妻

妻
哩克哩氏 德克訥依妻
富察氏 兵佛保妻
布雅穆

默爾哲勒氏 兵奈其保妻

爾太妻
甯古塔氏 兵佛保妻
格吉勒氏 兵雅克舒妻

十九年至四十九年旌

岳氏兵五秋妻　姚氏兵武球妻　富察氏領催烏察拉妻　李氏閑散巴伊勒妻　顏濟氏閑散六十一妻

氏墨爾布妻　孟氏昂素拉妻　以上盛京通志

富察氏閑散富貴妻　富察氏兵常山妻　烏蘇氏閑散拉喀納妻

韓氏閑散八十七妻　朱氏玻里雅勒妻　瓜爾佳氏兵納蘭妻　伊拉喇氏閑散巴雅木保妻

吉氏兵貝森保妻　伊爾根覺羅氏兵六格妻

墨哲哷氏兵拉巴妻　託果羅氏兵提雅木保妻

嘉慶年先後棄旗

孫氏閑散傅成慎
扎拉哩氏哈爾吉那妻
伊爾根覺羅氏兵富楊妻
庫雅拉氏永泰妻
瓜勒佳氏前鋒倭興額妻
扎克達氏兵塔興保妻
烏扎拉氏前鋒保泰妻
和祉勒
托闊羅氏閑散額勒登額妻
扎庫塔氏兵阿里善妻
富察氏閑散珠倫泰妻
劉氏托興額妻
莫勒哲勒氏閑散那倫泰妻
扎克達氏尚阿妻
瓜勒佳氏依奇那妻
佈雅穆吉氏溫德妻
薩克達氏兵富明德妻
富察氏徐德保妻
尼瑪察氏烏勒登額妻
托闊羅氏額勒金保
甯古台氏兵七保妻
伊爾根覺羅氏烏爾袞妻
塔塔拉氏驍騎都尉兼雲騎尉色金保妻
葉和勒
和葉氏兵馬新保妻
莫勒哲勒氏愛新特妻
富察氏阿克敦妻
瓜勒佳氏閑散托爾蘇蘭妻
尼瑪察氏兵依勒圖妻
托闊羅氏滿成妻
庫雅拉氏閑散二小兒妻
徐氏達凌阿妻

施氏閑散富鼐妻　李格哩氏傅昇阿妻　富察氏德盛妻　孟氏達勒當阿妻　扎拉氏永寧阿妻

氏閑散富克精額妻　富察氏依林保妻　富察氏兵德楞額妻　和葉氏閑散賞阿妻　舒穆嚕氏筆帖式七

瓜勒佳氏兵六十五妻　伊爾根覺羅氏閑散永喜妻　扎庫塔氏書隆阿妻　伊爾達氏四十七妻

伊爾根覺羅氏兵德青妻　托闊羅氏閑散德通阿妻　闊氏金梁妻　蘇氏綽哈奈妻

妻　和葉氏努章阿妻　瓜勒佳氏閑散魯琿泰妻　舒穆嚕氏防禦英額妻　烏蘇氏

氏閑散岳順妻　扎闊羅氏依成額妻　富察氏額勒德穆妻　格濟哷氏六十五妻　吳氏陳永妻

都祿嚕氏孫吉佛妻　李氏兵孫智妻　傅察氏扎克通阿妻

烏蘇氏拉保妻　高氏兵甯安妻　徐氏明善妻

色科氏盧明妻
楊氏閑散德音保妻
瓜爾佳氏額爾登額妻
吳氏常昇妻
伊爾根

十一妻
富察氏閑散富明山妻
莫勒哲勒氏兵豐德妻
瓜勒佳氏蘇降阿妻
瓜爾佳氏薩林保妻

舒穆嚕氏九十妻
扎闊囉氏伊哈納妻

闔氏哲爾奈妻
白氏七十八妻
瓜勒佳氏佈林圖妻
莫勒哲勒氏兵烏林泰妻
黃氏西林

閑散棟阿哩妻
舒穆嚕氏福壽妻
布延木吉氏富成保妻

覺羅氏筆帖式成太妻　烏蘇氏閑散富爾當阿妻　蘇氏李柱妻　庫雅拉氏兵巴克通　額妻

張氏閑散溫德妻　李氏老格妻　王氏德保妻　伊爾根覺羅氏富楊妻　霍囉氏

泰妻　馬氏閑散春昇妻　瓜爾佳氏固山泰妻　伊爾根覺羅氏兵合通阿妻　傅察氏閑散薩爾綳阿

明善
妻

李氏
老格妻

甯古塔氏
額勒精額妻

甯古塔氏
玉明妻

賀葉氏
老格妻

妻

瓜勒佳氏烏淩阿妻

道光元年至三十年旌

扎克羅氏特德清額妻　蘇穆嚕氏額勒錦布妻　闢氏五十七妻　闢氏闢音保妻　曹氏蘇明妻　王氏趙老妻　烏蘇氏依車布妻　闢氏崇有妻　扎庫塔氏烏爾袞保妻　烏蘇氏富鼐妻　盧氏富爾登額妻　傅察氏富尼應阿妻　烏蘇氏都隆阿妻　趙氏倭陞額妻　楊氏色普軫妻　李氏依錦泰妻　闢氏依勒圖妻　閻氏額騰尼妻　王氏喜常阿妻　趙氏額騰額妻　曹氏明太妻　傅察氏富隆阿妻　傅察氏舒明阿妻　霍索羅氏富明阿妻　傅察氏碩布闊妻　安氏巴勒虎妻　劉氏富順妻　莫勒哲勒氏色成額妻　徐氏巴彥太妻　托闊羅氏富隆妻　郎氏烏爾恭額妻　布雅木吉氏蘇慶阿妻　薛氏淩福妻　瓜勒佳氏倭陞額妻　吳拉吉氏額勒勾妻　傅察氏阿勒錦阿妻　趙氏七十九妻旗分未詳以上據冊檔

同治十年十三年旌

托闊羅氏西明阿妻何葉氏塔清阿妻傅察氏富祿妻甯古塔氏烏林佈妻吳蘇氏色林泰妻瓜勒佳氏常喜妻舒木嚕氏慶福妻覺羅氏訥木錦妻莫爾哲哷氏明安妻傅察氏春西哷妻瓜爾佳氏雙保妻傅察氏法福哩妻他他拉氏法豐阿妻瓜爾佳氏喜林妻扎拉哩氏富春妻莫爾哲哷氏貴福妻扎拉哩氏蘇爾法妻塔塔拉氏阿克通阿妻覺羅氏慶安妻尼瑪察氏庫克吉佈妻烏蘇氏四爾妻瓜爾佳氏阿林保妻陳氏多隆武妻吳蘇氏石柱妻覺羅氏常永妻瓜勒佳氏闊布通阿妻傅察氏常陞妻張氏春成妻瓜爾佳氏春祿妻傅察氏文英妻吳蘇氏奇成額妻莫爾哲勒氏富成妻莫爾哲勒氏德亮妻沈氏慶興妻杜氏舒祿妻吳蘇氏圖瓦謙佈妻瓜勒佳氏德喜妻倪穆察氏哲普肯妻蘇木魯氏富祿妻倪穆察氏三音妻楊氏爾妻小以上據册檔旗分未詳

光緒二年旌

默爾哲勒氏領催增祿妻
郭哷羅氏西丹凌保妻
塔克塔氏德保妻
楊氏兵純安妻

扎拉哩氏兵春明妻
烏蘇氏常清妻
默爾哲勒氏兵慶

烏蘇氏防禦佈占妻

甯古塔氏兵塔青阿妻
褚氏富順妻
蒲氏兵祥杜妻

李氏兵勝德妻
富察氏前鋒滿都妻

楊氏保林妻
烏蘇氏戴明妻
郭羅氏青海妻

光緒

默爾哲勒氏兵色克通阿妻
扎庫塔氏西丹慶春

三年 四年 五年 旌

默爾哲
勒氏 春和妻
盧氏 何隆阿妻
朱氏 兵富新妻
杜氏 西丹貴福妻
劉氏 富順

林妻
扎克達氏 喜順妻
扎克羅氏 春喜妻
瓜爾佳氏 倭新保妻
烏蘇氏 圖欽布妻
杜氏 舒祿

陳氏 領催
尼克吞佈妻
瓜爾佳氏 西丹雙成妻

伊爾根覺羅氏 隆常妻
何氏 西丹亮德妻
瓜爾佳氏 孫萬春妻
孫氏 西丹德錦妻
瓜爾佳

郭氏 兵順泰妻
蒙古蘇氏 關儀妻
伊爾根覺羅氏 都隆阿妻
沈氏 領催隆壽妻

富察氏 兵常有妻
蒲氏 哲普肯妻
業勒氏 榮林妻
富察氏 前鋒玉林妻
富察氏 兵保山妻

妻
孟氏 扎勒胡山妻
朱氏 喜順妻
何業氏 戴明妻

妻
何業氏阿立庫妻
妻
米氏舒明妻
何舍勒氏兵富祿妻
氏六十九妻

光緒六年九

扎克羅氏兵常林妻
富察氏哲佈肯妻
默爾哲
德克吉科妻姓氏未詳
郭氏春祿妻
孫氏西丹金山妻
富察氏兵烏爾德科妻
朱氏常永
穆察氏領催全有妻
何業氏兵武成阿妻
郭氏順泰
楊氏西丹爾小妻
張氏全成妻
瓜爾佳
默勒哲
勒氏前鋒同海妻
鈕祜祿氏兵松李妻

年十年旌

勒氏 西丹德喜妻
張氏 常升妻
舒穆嚕氏 驍騎校松山妻
伊爾根覺羅氏 領催永祿妻

妻
楊氏 兵發福哩妻
舒穆嚕氏 西丹全安妻

妻

氏 西丹清明妻
郭氏 明海妻

光緒

扎拉哩氏 兵忠陞妻

張氏 兵達春妻

瓜爾佳氏 志和妻

錫淩阿妻 姓氏未詳

舒穆嚕氏 兵富祿妻

默爾哲勒氏 兵春

扎拉哩氏 兵永福妻

鑲白旗蒲氏 領催

甯氏 夫舒德 名妻

富察氏 兵吉爾哈春妻

十二十四十五年旌

瓜爾佳氏 松年妻
郭氏 薩杭阿妻
瓜爾佳氏 兵巴蘭妻
劉氏 西丹壽成妻

德妻
瓜爾佳氏 明安妻
以上據册檔

雷氏 喜謙
妻
富察氏 兵連德妻

未詳

烏蘇氏
兵成泰妻
穆氏 領催春有妻

伯都訥

鑲黃旗正黃旗正白旗鑲白旗正紅旗鑲紅旗正藍旗鑲藍旗

康熙雍正時旌

烏扎拉氏兵托和特妻

覺羅氏奚佛納妻

奇塔喇氏哲克特妻以上舊志年分未詳

錫特額勒氏兵斗特妻

塔巴氏兵扎素妻

扎思瑚理氏烏思哈妻

扎拉勒氏兵伊思哈妻

扎拉爾氏兵索格妻

乾隆十

烏扎拉氏兵喀格妻

扎思瑚

喀爾喀勒勒氏蒙古閑散查琿

富察氏兵烏色訥妻

果洛特

富察氏兵闊達爾甘妻

舒穆嚕氏兵巴爾瑚妻

博爾濟克氏領催綽里妻

瑚錫哈哩氏兵勒庫妻

年十一十二十五年旗　乾

錫特烏

烏扎拉　哩氏閑散妻　遜塔妻　鄂羅特氏達海妻

喀爾喀勒勒氏　兵昂阿妻

錫特烏　氏撥底妻

烏爾喀

扎思瑚

瓜爾佳　烏扎拉氏兵達未圖妻　烏扎拉氏兵查思塔妻　錫特烏哩氏匠役色木特庫妻

伊爾根　錫特烏哩氏閑散吉囊額妻　烏扎拉氏康塔那妻

隆十八年至二十四年旗

哩氏兵墨呼哩妻　扎思瑚　哩氏兵巴雅勒塔里妻

氏兵發琿妻

哩氏兵雅魯妻　扎思瑚　哩氏兵安圖妻　錫特烏　哩氏水手墨墨勒妻

達氏兵扎爾塔哈妻

哩氏牧長依孔妻

氏兵喜楞特妻　瓜爾佳　氏兵額勒保妻　舒穆嚕　氏閑散喜佛訥妻　巴雅喇　氏水手薩哈

覺羅氏閑散崇庫妻　巴雅喇　氏阿蘭塔妻　尼瑪察　氏兵吳金泰妻　錫特烏　哩氏卓諾瑪勒妻

乾隆二十五年至三十

鄂爾綽　倫氏兵多　古　妻

穆楚特　氏兵文戴妻

庫齊哈

哩氏兵穆　爾泰　妻

甯古塔　氏兵喀拉妻

齊氏兵聶　古　妻

穆舒圖　氏兵巴達瑪　妻

扎喀哩　氏兵鄂勒博　妻

果洛特　氏兵碧罕妻

瑚錫哈

錫特烏　哩氏兵烏　雲布　妻

果爾羅　特氏兵奇　哩　妻

錫克特　哩氏閑散　扎木　妻

連　妻

錫克特　哩氏牧長　梅格　妻

扎思瑚　哩氏領催　芬特　妻

錫特烏　哩氏兵阿　哈尼雅　那妻

布魯特　氏領催翟索　莫　妻

扎思瑚　氏兵班第妻

一年旌

乾隆三十二年

扎思瑚哩氏兵達圖妻

扎思瑚哩氏兵沙達奇妻

理氏閑散拉木達妻

富察氏兵圖古都妻

烏扎拉氏兵扎瑪爾奇妻

扎思瑚哩氏領催托奇爾圖妻

白格氏兵齊保妻

烏扎拉氏兵莫倫妻

烏扎拉氏兵瑪哩哈妻

錫特烏理氏兵額西赫訥妻

扎思瑚哩氏達色妻

果羅特氏兵扎穆爾圖妻

至三十五年旌

烏扎拉氏閑散鄂克索諾妻

錫特烏理氏閑散吳達圖妻

烏扎拉氏閑散阿里渾妻

扎思瑚哩氏兵巴哈里妻

喜塔喇

乾隆三十六年至四十

瓜爾佳氏兵阿蘭泰妻 扎思瑚哩氏蘇勒妻 扎思瑚哩氏兵同保妻

烏扎拉氏兵興科妻 烏扎拉氏色楞泰妻 富察氏前鋒勤保妻 富察氏前鋒勒保妻 錫特瑚

錫特烏理氏兵瑪拉里妻 布吉格爾氏領催艾吉圖妻 布齊格爾氏蒙古領催旺吉圖妻

錫瑚哈理氏兵迪三保妻 烏色氏兵蘇進泰妻 扎庫塔氏兵官桂妻 扎思瑚理氏兵扎

烏扎拉氏兵那森泰妻 烏扎拉氏兵富西布妻 察庫氏兵扎克蘇妻 佛岳謨

烏扎拉氏領催霍爾吉庫妻 烏扎拉氏兵烏沙木保妻

氏哈色妻 扎思瑚理氏兵華色妻 扎哈齊氏領催塔忻塔妻 富察氏兵雅斯哈妻 默爾哲

烏扎拉氏兵鄂爾託妻 瓜爾佳氏兵福保妻 郝氏閑散黑達色妻 扎思瑚理氏閑散

九年旌　　嘉慶

錫克特理氏閑散瑪爾搭妻　烏扎拉氏領催察班泰妻

哩氏兵班第妻　瑚錫喀爾氏諾木達拉妻

徐氏蒙古兵奇成武妻　富察氏蒙古兵璋顧妻　瑚勒珠爾氏特納克妻　攝特氏隆塔妻

爾布善妻　扎思瑚哩氏前鋒

氏納散泰妻　烏扎拉氏納堂阿妻　瑪希氏七十四妻　錫特烏哩氏兵蘇三塔妻

以上盛京通志

勒氏兵華色木保妻

瑪轄色妻　瓜爾佳氏胡薩那妻

十七年旌	嘉慶十九年至
	瓜爾勒雅氏兵圖欽保妻
	陳氏蒙古前鋒烏勒吉妻　佈勒珠特氏蒙古阿勒普坦妻
明保妻　扎思瑚哩氏兵三泰妻	黃敖氏前鋒扎隆阿妻
	錫特瑚哩氏水手雅圖蘭妻　克綽哩氏兵托金泰妻
	圖切勒氏兵連保妻　扎思瑚哩氏兵諾霍妻　錫特瑚
	錫特瑚哩氏兵色淩阿妻　扎庫塔氏兵安達拉圖妻

吉林通志卷一百十八　五

二十四年旗

李氏 領催富陞妻

郭爾羅特氏 哲勒恩泰妻

哩氏 兵巴彥保妻

額珠特氏 松裴阿妻

道光元年旗

白佳氏 領催塔音保妻

扎思瑚哩氏 兵穆騰額妻

希伯氏 蒙古兵諾們妻

依勒庫噌氏 前鋒來保妻

道光二年四年五年旌

李氏兵五十六妻
佈勒珠特氏蒙古西丹佈達妻
佈勒珠特氏領催伯淩阿妻
佈勒珠特氏兵嘎

扎魯特氏兵克保妻
烏扎拉氏西丹富亮妻

錫克特哩氏兵倭興額妻
富察氏六喜妻

佈勒珠特氏兵雙淩保妻
辛氏六十六妻

烏扎拉氏兵納林保妻
錫特瑚哩氏淩國穆保妻
錫特瑚哩氏富雅穆保妻
扎思瑚

吳氏甲富揚阿妻
果羅特氏前鋒和勒穆保妻

道

扎魯特

扎魯特

錫特瑚 爾圖妻

瑚錫哈

錫特瑚 哩氏富羅穆保妻 克塔哩氏胡克色納妻 白佳氏兵富林保妻 果羅特氏彥保妻

扎思瑚

光六年旌

氏兵頑爾德妻

佈勒珠特氏依爾當阿妻
氏兵阿彥倉妻

哩氏兵富淩保妻
佈勒珠特氏蒙古西丹滿都庫妻

哩氏兵烏保妻
扎思瑚哩氏穆克德保妻

哩氏領催倭興額妻
錫特瑚哩氏兵富明保妻

哩氏兵富興阿未婚妻

道光七年至

錫特瑚哩氏西丹牛胡德妻
台奇里氏金柱妻

扎魯特氏領催占吉保妻

富察氏阿納哈妻
果羅特氏兵孤沙妻
佈勒珠

吳勒其勒氏兵倭和德妻
佈勒德氏兵烏章阿

扎思瑚哩氏兵烏達圖妻

業庫勒氏兵富林保妻
蘇穆嚕氏和山妻

白吉氏兵圖明額妻

富察氏兵孫德妻
台奇哩氏訥爾托倭妻

十二年旗道光十五十六

薩克達氏 前鋒查明阿妻

烏扎拉氏 兵依蘭保妻

特氏 諾們倉妻
闞氏 兵崔謨理妻
博勒綽特氏 兵銀德保妻
博勒綽特氏 兵德依精額妻

妻
謨勒德勒氏 兵阿凌阿妻
恆克勒氏 西丹薩勒圖妻

劉氏 舒通保妻
甯古塔氏 西丹隆保妻

甯古台氏 兵訥恩業特妻
烏扎拉氏 兵七十一妻
瑚錫哈哩氏 兵富隆保妻

王氏 兵雙德妻
扎薩瑚哩氏 領催德勒穆保妻
錫特瑚

甯古台氏 匠役扎拉芬妻
瓜爾佳氏 富明德妻
覺羅氏 兵德壽妻
扎魯特氏 兵色普清

十七十八十九二十年旌

博勒綽特氏都拉瑪妻

扎胡塔氏兵烏勒滾木保妻　烏扎拉氏兵富隆保妻

哩氏兵額郭妻　羅默保妻

錫特瑚哩氏兵德勝妻　蘇氏五十一妻　扎魯特氏六十八妻　錫特瑚哩氏色謨

道光二十一年至二十

巴雅拉氏前鋒富壽妻

富察氏兵烏爾喜祿妻

富察氏兵杜凌阿妻　佈勒珠特氏孤查妻　舒穆嚕氏西丹六陞妻　穆楚特

蘇佳氏西丹富常阿妻

克塔拉氏豐陞額妻　扎思瑚哩氏西丹巴彥妻

扎思瑚哩氏兵扎奇穆保妻　烏扎拉氏兵音德佈妻

富察氏兵扎庫奇妻　郭氏圖克音保妻

德庫妻　烏扎拉氏兵楚克穆保妻　碩羅氏西丹倉保妻

五年旌

道光二十六

舒嚕嚕氏依林保妻

蒙古氏蒙古兵常保妻

博勒珠特氏西丹佈爾達妻

吳郎琿氏蒙古領催喜普常阿妻

穆綽特氏蒙古兵德

吳扎拉氏兵額勒金保妻

曹氏兵夜福妻

護爾德哩氏兵明福妻

錫特瑚哩氏雙德

吳氏兵依勒屢額妻

任氏兵明德妻

扎庫塔

年至二十九年旌　咸豐

阰妻

錫克特哩氏兵依林保妻

錫特瑚哩氏蒙古西丹沙拉巴達妻

扎思瑚哩氏兵烏

倭勒奇勒氏西勝

錫特瑚哩氏威興

妻

錫克特哩氏兵色穆保妻

富察氏兵圖清阿妻

扎魯特氏七十妻

氏富精阿妻

烏扎拉氏西丹珠爾剛阿妻

元年旌

隆額妻

扎拉哩氏蒙古兵巴英阿妻

佟氏色勒扎巴妻

額妻

額妻

同治十年

吳氏貴成妻

凌順妻

韓氏倭陞額妻

傅察氏勝保妻

舒氏英喜妻

寗古塔氏依精阿妻

和諾斯氏常在妻

傅察氏特克西那妻

以上八人旗分未詳

扎魯特氏兵西郎阿

富察氏兵德沖阿妻

寗古台氏兵根陞妻

錫克特哩氏前鋒

吉祿氏

庫雅拉氏兵蓮春妻

十三年旌

光緒

妻

扎魯特氏兵喜郎阿

佛勒吉特氏蒙古西丹體英額妻

圖切氏喜春妻

和順妻

尼瑪察氏成保妻

果羅特氏永順妻

阿勒吉圖氏兵博

扎思瑚哩氏兵色

錫克特哩氏合尚

瓜爾佳氏胡勒清額妻

康克力氏兵德明阿妻

瓜爾佳氏西丹巴成阿妻

覺羅氏領催來壽妻

六年七年旌

妻

郭佈勒 恩特和恩
氏
妻
巴雅拉 來保
氏
妻
努勒杜 金亮
氏
妻
扎思瑚
哩氏 金陞
妻

奇
妻
烏扎拉 托克通阿
氏
妻
胡錫哈
哩氏 和喜
克特
妻

通額
妻
覺羅氏 西丹來喜
妻
錫特瑚
哩氏 海明
妻

妻
烏扎拉 西丹張凌
氏
保
妻

烏扎拉
氏 兵德有
妻
霍挪斯
氏 水手常在
妻
扎思瑚
哩氏 西丹
奇當阿
妻
錫特瑚
哩氏 西丹

西特胡哩氏烏春妻

扎思瑚哩氏驍騎校銀登額妻

富察氏兵特沖阿妻

舒穆嚕氏烏勒泰阿

九十一妻

扎思瑚哩氏瑪克吉妻

錫特瑚哩氏鐵海妻

妻

佈勒吉特氏蒙古西丹巴達拉罕妻

以上據冊檔

光緒八年至十

吳蘇氏全有妻　薩克達氏富廣妻　巴雅氏安常阿妻　扎思瑚哩氏依勒格佈妻

吳扎拉氏松成妻　覺羅氏常陞妻　錫特瑚哩氏常順妻　扎思瑚哩氏全在妻

扎魯特氏奇克唐阿妻　扎胡塔氏喜順妻　扎思瑚哩氏雙喜妻　奚胡哩氏滿祿妻

葛吉特氏成太妻　扎思瑚哩氏蘇通阿妻　烏扎拉氏春林妻　甯古塔氏德山妻

瑚奚哈哩氏德順妻　佛業莫氏德興阿妻　瑚錫哈哩氏雙喜妻

八年旌

舒穆嚕氏連德妻 吳扎拉氏喜祥妻 尼瑪齊氏壽福妻 扎胡他氏巴音德妻
富察氏常海妻 扎思瑚哩氏常德妻 倭奇哩氏色普徵額妻 烏扎拉氏胡成
妻以上亦據册檔旗分未詳

三姓

乾隆十九年

鑲黃旗
格伊克哩氏兵墨斗妻 劉氏充古妻

正黃旗
努哲勒氏前鋒傅保妻 舒穆嚕氏兵那木哩

正白旗

鑲白旗
劉氏閑散巴哩喀妻

正紅旗
舒穆嚕氏兵德爾瑚妻 格伊克哩氏圖三

鑲紅旗
烏爾貢克嚕氏兵和爾固納妻

正藍旗
吳氏雅克舒妻 閻氏兵達瑪妻 魯納妻 潘氏官莊

鑲藍旗
赫哲勒氏兵傅和勒

至四十三年旌

乾隆四

王氏兵鄂克濟哈妻

妻

赫哲勒氏兵色爾圖妻

瓜爾佳氏領催景才保妻

彌蘭齊氏兵雅斯哈妻

格伊克哩氏前鋒富貴妻

富察氏兵雅木保妻

格克勒

泰妻

格伊克哩氏領催福珠哩妻

鈕祜祿氏納思泰繼妻

壯丁二小子妻

萬氏兵密葉柯妻

烏蘇氏兵薩木保妻

十四至四十八年旌

乾隆

伊爾根覺羅氏

李氏前鋒烏三泰妻

穆哩雅林氏兵雅庫妻

格克勒氏領催烏爾洪額妻

陳氏兵添喜妻

瓜爾佳氏兵額木瑚妻

努業勒氏前鋒色爾特妻

格依克勒氏兵烏

氏兵黑達色妻

穆克雅林氏領催

努業勒氏兵穆克登

伊爾根覺羅氏兵法里木保妻

瓜爾佳氏兵烏陞阿

努業勒氏兵額淩貴

格依克勒氏兵都

五十二年至六十年旌

兵阿爾布善妻

富察氏兵雅爾杭阿妻　努業勒氏富勒洪額妻

爾古木保妻　尼瑪齊氏兵瓦哩穆保妻

扎爾泰妻　烏蘇氏兵阿色木保妻　金氏官莊壯丁王文耀妻　六氏兵依凌額妻

額妻　瓜爾佳氏兵德勝妻

妻　格克勒氏兵依金泰妻　努業勒氏兵哈斯海妻　努業勒氏兵蘇雅魯妻

勒妻

木保妻　恰喀喇氏兵察木補妻　趙氏官莊幫丁裴文煥妻

嘉慶	二年	三年	四年	六年
烏蘇氏	兵龍保妻	錫努勒呼氏兵闊勒托庫妻	努業勒氏兵雅色穆保妻	努業勒氏兵齊庫喇
格克勒	氏領催署防禦扎爾蘇妻	格克勒氏前鋒法爾富善妻	王氏前鋒花陞阿妻	
格克勒	氏兵扎克當阿妻			
格克勒	氏兵秦到妻	張氏兵唐保妻		
舒穆嚕	氏兵瓜木保妻	王氏兵賀尼木保妻	呼錫喀哩氏兵保色妻	李氏兵瑚圖哩妻
伊爾根	覺羅氏領催挑補教習富西木保繼妻	薛氏兵富依木保妻	謝氏兵三達妻	葛氏官莊壯丁劉清善妻

旌	嘉慶七年至二十
妻	格克勒氏兵德陞額妻 李氏官莊壯丁周元華妻 伊爾根覺羅氏
	努業勒氏兵常都木保妻
	馬氏兵貴藍保妻 格克勒氏費岳霍妻 富察氏前鋒巴揚阿繼妻
	努業勒氏驍騎校楊桑阿繼妻 王氏官莊幫丁呂士俊妻 努業勒氏富勒賀穆
鈕胡魯氏兵富凌阿妻	努業勒氏兵倭勒霍巴妻 李氏官莊幫丁劉永茂妻 努業勒氏兵德凌額
	努業勒氏兵穆騰額妻 格克勒氏兵愛新保妻

旌年	嘉慶二
兵烏保妻 格克勒氏 領催雅隆阿妻 瓜爾佳氏 兵必散繼妻	格克勒氏 達保繼妻 王氏 前鋒
	徐氏 兵郭爾景阿妻
汪佳氏 兵色克通阿妻	曾氏 兵淩保妻 格克勒
	曾氏 兵三金保妻 爾古塔
保妻 陳氏 兵賀特木保妻	奇雅喀拉氏 德克吉布妻
妻 托科羅氏 兵額林穆保妻	格克勒氏 領催巴克唐阿妻
	吳色氏 兵哈音布繼妻
	格克勒氏 兵阿金保妻

十	一	二	十	二	二	十	三	二	十
喀艮阿妻	閻扎氏	兵齊布僧額妻	李氏兵丙	僧額妻					
氏托淩阿妻									
氏兵烏勒德妻									
耿克勒	氏銀德木保	妻	奇雅喀	拉氏薩圖	木保妻	胡西哈	哩氏額達	爾山妻	常佳氏
徐氏官莊	幫丁周逢士妻	胡西喀	拉氏兵雅	爾呼善妻					

四二十五年旌

海洪阿妻

格克勒氏
領催穆特佈繼妻

格克勒氏
兵穆特佈繼妻

南木都魯氏
兵沙林保繼妻

道光元年二年三

李氏領催獎賞藍翎署防禦烏崇額繼妻　姚氏兵舒雙額妻　劉氏兵額新保妻

鈕祜祿氏兵富陞保繼妻　張氏兵雅凌阿妻　格克勒氏賀林保妻

瑚錫喀哩氏兵精崗保妻　伊爾根覺羅氏兵阿爾布善妻　吳氏兵杭

張氏兵德新妻

格克勒氏兵扎勒豐阿妻　格克勒氏兵依通阿妻　瓜爾佳氏兵雅隆阿妻　鈕祜祿

烏爾公克勒氏兵吉凌阿妻　王氏官莊壯丁陳宇潮妻

鈕祜祿氏都延妻　劉氏班德爾什妻　葛氏兵那思胡哩妻

扎克勒氏兵色德力妻　魯氏兵富騰額妻　葛氏官莊幫丁張宗傑妻

年四年五年六年旌

伊爾根覺羅氏木克登額妻

生阿妻

氏兵富和納妻
張氏官莊幫丁劉文妻

姚氏幫丁閻亮妻
李氏幫丁王文殿妻
吳爾公克勒氏兵托精阿妻
努業勒氏驍騎都尉兼雲騎尉德色哩

道光七年至二十

瓜爾佳氏兵西精阿妻　陶氏西丹永德妻　格克勒氏兵托克通

胡錫喀哩氏前鋒額勒金保妻　格克勒氏兵伯淩阿妻　格克勒

馬氏兵佞木順額妻　李氏兵富明阿妻　努業勒氏兵德克吉布妻

富察氏兵扎勒豐阿妻　舒穆嚕氏兵達密山妻　格克勒氏兵烏淩妻

劉氏兵安常阿妻　曼氏官莊壯丁王秉興妻　伊爾根覺羅氏兵海豐繼妻

汪佳氏兵安明妻　格克勒氏兵格綳額妻　默勒哲哷氏兵額

富察氏兵海東阿妻　趙氏兵西蒙額妻　努業勒氏兵扎拉芬妻

繼妻　葉氏官莊壯丁劉士俊妻　畢氏兵清保妻　傅察氏博爾貴妻　霍闊爾氏達青阿妻　瓜爾佳

九年旌

阿妻
格克勒氏兵烏沙哩妻
鈕祜祿氏兵杜嚴妻

氏兵達隆阿妻
克哲勒氏領催溫盛額繼妻
富察氏西丹特阿勒恩妻
努業勒氏兵巴克唐

格克勒氏兵賀精額妻
劉氏英成阿妻
甯古塔氏兵瑪勒瑚善妻
舒穆嚕氏兵托克托

努業勒氏防禦依勒丹保繼妻
蘇穆嚕氏圖敏妻
趙氏色普徵額妻
龐氏富松阿妻
倭勒氏

格克勒氏兵依勒興阿妻
張氏官莊幫丁王秋伏妻
李氏前鋒依都哩妻
依庫哩氏淩德妻
瓜勒佳

爾陞額妻
努業勒氏兵常僧額妻

王氏官莊幫丁吳思妻
那拉氏兵伯精額妻
沈氏官莊幫丁黃林妻

氏達哩布妻
趙氏德明布妻
巴哩氏淩保妻
伊佳氏德隆妻
趙氏來德妻
奇穆齊

阿妻
伊爾根覺羅氏兵永山妻
瓜爾佳氏領催特松阿妻
格克勒氏兵德楞額妻

善妻
王氏兵希常阿繼妻
趙氏兵舒隆額妻
瓜爾佳氏兵烏和哩妻
孫氏官莊壯丁劉旺妻

奇新保妻
班壽妻姓氏未詳

氏僧保妻
楊氏巴彥布妻
那拉氏富明妻
齊木奇哩氏訥欽太妻
韓氏雅胡塔妻

哩氏闞保住妻
趙氏富明山妻
那木杜哩氏七十一妻
瓜爾佳氏富克德布妻

張氏 官莊幫丁龍玉保妻

那木都魯氏 前鋒音保妻

努業勒氏 兵訥爾呼善妻

格克勒氏 德克精額

吳扎拉氏 雙謙妻

那木杜哩氏 五十四妻

傅察氏 英全妻

那木都魯氏 兵德克精阿妻

咸豐元

伊爾根覺羅氏西丹花凌阿妻

富察氏兵佛爾洪阿妻

妻

穆哩雅運氏兵七三妻

必蘭奇氏西丹六十七妻

瓜爾佳氏兵蘇克東阿妻

劉氏官莊壯丁曹尚志妻

富察氏兵永年阿妻

伊爾根覺羅氏兵郭希布妻

那拉氏舒吉山妻

年二年旌

官莊幫丁彭友禮妻姓氏未詳

那拉氏瑞山妻

繆胡嚕氏德楞額妻

瓜勒佳氏德山妻

胡西哈珠哩氏凌阿妻

孫佳氏奇成額妻

趙氏德元妻

尤佳氏和亮妻

李氏哲勒

曹氏
兵托錦妻

格克勒
氏
領催委筆帖式台慶繼妻
努業勒
氏
兵六柱妻

肯妻
馬氏
魁福妻

格克勒
氏
匠役全明妻阿

鈕祜祿
氏
領催阿克敦布繼妻
伊爾根覺羅氏
兵訥依明妻
努業勒

氏兵烏勒清阿妻

富察氏兵清廉妻

那穆都嚕氏色克錦妻

努業勒氏西丹烏勒興阿妻

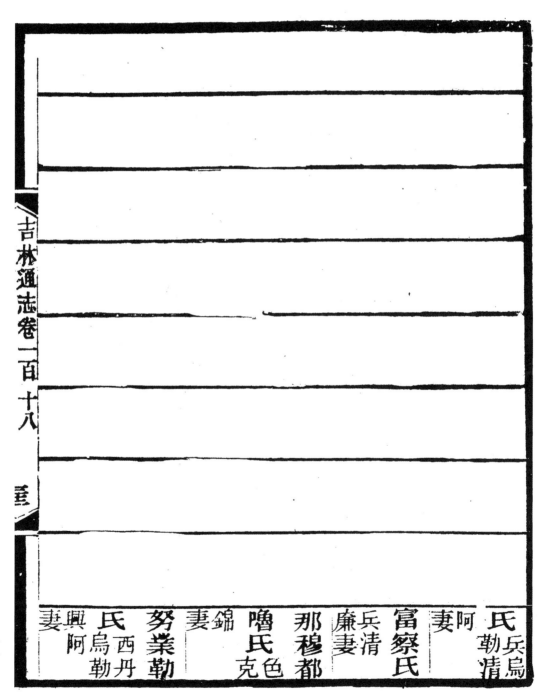

鈕胡嚕氏 富淩阿妻

韓氏 官莊壯丁馮祿妻

馬氏 壯丁杜貴妻

韓氏 壯丁王鐸妻

韓氏 壯丁高國富妻

光緒元年　二年　五年

伊爾根覺羅氏兵富壽妻	努業勒氏兵多林妻	努業勒氏兵慶和妻	
顧法替音氏西丹台明阿妻	尼瑪察氏六品戴翎兵壽福妻	陳氏兵富勒斐彥圖妻	
徐佳氏兵全德妻	王氏官莊壯丁王利妻	朱氏幫丁呂才妻	劉氏幫丁朱義妻
呂氏兵台明阿妻			
徐氏西丹扎庫奇妻	張氏多隆武妻	正氏兵勝安妻	崔氏官莊幫丁吳煥妻
葛氏壯丁張學妻	伊爾根覺羅氏兵德克精阿妻	梁氏官莊壯丁張德有妻	徐氏壯丁崔繼成妻

八年九年旌

阿拉楚喀　拉林　雙城堡附

努業勒氏　兵愛興阿妻
扎拉哩氏　兵圖英阿妻

龐氏　官莊退丁亢姜妻
伊爾根覺羅氏　領催富勒斐圖妻

田氏　幫丁葛明妻

乾隆

鑲黃旗　葛氏　護軍蒙達那妻
正黃旗　吳氏　兵雅塔妻
正白旗　井氏　兵三格妻
鑲白旗　胡氏　閑散伊達妻
正紅旗　敖氏　兵薩思泰妻
鑲紅旗
正藍旗　巴氏　兵瓦喀那妻
鑲藍旗　賈氏　護軍達靈阿妻

十五年至三十年旌 乾隆三

倪氏關聖保妻
馬氏養育兵老格妻
瓜爾佳氏兵阿爾布達妻
烏扎拉氏拉林雅那妻

瓜爾佳氏兵齊林保妻
瓜爾佳氏拉林兵富格妻

趙氏生員德昌妻
薩克扎拉氏拉林兵南楚妻

成佳氏拉林兵屯頭妻
希薩哩氏拉林閒散額爾登布妻

富察氏拉林閒散保福妻

赫哲勒氏護軍赫楞額妻
傅氏拉林領催穆克登額妻
烏蘇氏兵富奇保妻
富察氏

趙氏兵遂甘妻
瓜爾佳氏兵那音泰妻
熊氏拉林閒散京古埒妻

十一至三十九年旌

乾隆

黃氏兵福祿妻
烏扎拉氏兵瑚圖哩妻
伊爾根覺羅氏兵固固泰妻
伊爾根覺羅氏

黃氏拉林閑散烏資妻
瓜爾佳氏拉林閑散

瓜爾佳氏拉林閑散

伊爾根覺羅氏拉林閑散敦敏妻
江氏鄉長豐保妻

陳氏七十三妻
井氏拉林閑散托雲布妻
瑚錫哈哩氏兵薩爾泰妻
瓜爾佳氏拉林兵瑪

瓜爾佳氏領催台興阿妻

兵逵蘭泰妻
烏蘇氏佐領舍爾泰妻
伊爾根覺羅氏兵那爾善妻
姜氏拉林閑散吉格妻

和輝吉氏拉林閑散

四十年至四十九年旌

閑散靈保妻

烏靈阿妻

富察氏 兵富官保妻

顏扎氏 兵富昌妻

孫氏 閑散七十七妻

穆勒德哩氏 拉林閑散西林阿妻

小爾妻

瓜爾佳氏 拉林閑散霄勒妻

烏扎拉氏 閑散德楞泰妻

玉庫嚕氏 拉林閑散福格妻

霄古塔氏 拉林兵安楚妻

以上盛京通志

木彌圖妻

瓜爾佳氏 閑散博林泰妻

烏色氏 拉林閑散哈勒吉木保妻

雅佳妻

楊氏 拉林閑散敦住妻

納喇氏 拉林兵穆特布妻

張氏 拉林閑散額盛妻

嘉慶年旌

烏扎拉氏拉林富通阿妻

吉斯圖氏拉林永慶妻

道光元年

王佳氏吉清保妻

趙氏拉林常德妻

那拉氏德楞額妻

關氏揚桑阿妻

何吉哩氏富珠哩妻

南依氏拉林富仲保妻

傅察氏八十二妻

何舍哩氏和凌額妻

關氏那瑚妻

塔塔拉氏興額妻

博霍爾扎氏八十一妻

趙氏常佳妻

烏扎拉氏凌福妻

扎庫塔氏拉林玉德妻

塔塔拉氏永柱妻

趙氏蘇隆阿妻

馬氏雙城堡依哩布妻

趙氏拉林占柱

至三十年旌

妻吳扎拉氏李柱妻繆胡嚕氏海玉妻額穆達氏烏爾恭阿妻倪何哩氏
永海妻吳雅氏舒常阿妻傅察氏色普青額妻博哩郭特氏登登保妻穆孫氏張文
陞妻李氏劉秉隆妻包氏劉永魁妻千氏柴文成妻徐氏張精升妻朱佳氏海福妻格葉
勒氏蘇楞額妻塔塔拉氏凱全妻蘇木嚕氏拉林烏哩善妻希特胡哩氏保明妻
瓜勒佳氏珠興阿妻吳扎拉氏明柱妻扎庫塔氏德陞妻瓜爾佳氏袞德恆妻
那拉氏平和妻傅察氏那喜妻馬佳氏烏爾登額妻傅察氏七十妻塔塔拉
氏阿爾松阿妻蘇木嚕氏扎巴妻趙氏富平妻烏扎拉氏圖淩阿妻趙氏富勒吉山
妻瓜勒佳氏穆克登額妻付查氏拉林依常阿妻扎庫塔氏崇貴妻尼瑪察氏
璋德保妻馬佳氏富忠阿妻黃氏拉林春山妻和哲勒氏舒連妻范氏雙城堡達金泰妻
傅察氏富珠哩妻蘇木嚕氏三九妻烏扎拉氏永順妻那氏永柱妻白佳氏

拉林富祿妻
玉妻趙氏
檔旗分未詳
博哩依氏全泰妻
奇升保妻白勒氏伯禮妻
瓜勒佳氏海亮妻
扎拉氏拉林勝德妻
哲佳氏永來妻
王氏雙城堡陳左英妻
吳氏雙城堡德
以上據册

同治五年旌

鮑氏雙城
堡福壽妻
鮑氏女

李氏奇杭
阿母
溫氏閻大
俊母
關氏周亮
母
韓氏王世

張氏王印
妻
幼女夏
氏
周氏高耀
顯妻
何氏高耀

計氏筆政
文博母
趙閻氏
趙氏
閻幼女

關氏孫保
妻
趙氏徐江
妻
羅氏范茂
廷妻

同治十年十

才妻

王氏福王妻

王氏長女

王氏次女

畢成女

畢氏

陞妻

高氏女

劉氏郭鳳斗妻

楊氏郭鳳玉妻

那穆都嚕氏金保妻

瓜勒佳氏永成妻

覺羅氏林發妻

他他哩氏芬成額妻

三年旌　同治光緒時先後

閻氏德喜妻　佟氏三福妻　瓜勒佳氏哈思胡德妻　唐氏來保妻　瑪勒特哩氏舒敏妻　孟氏明海妻　吳扎拉氏和順妻　吳扎拉氏阿克敦妻　富察氏德亮妻　扎克圖哩氏玉林妻　覺羅氏和喜妻　以上旗分未詳

那關氏兵那丹杜妻　傅趙氏佛勒國春妻　李金氏阿爾雅妻　老伊氏

傅韓氏拉林委官烏金泰妻　何郭氏西丹德克登額妻　白于氏

夏佳氏委官永和妻　許氏西丹徐永好妻　孫白氏雙喜妻　孟關氏

周氏劉國寬妻　王氏袁國倫妻　劉氏袁得子妻　韓氏劉士

鄭氏兵依郎阿妻　衡氏西丹薩克金妻　李氏任自平妻　張氏夏士

李氏西丹劉殿魁妻　王氏潘廷畢妻　趙氏麻力布妻　關袁氏

韓氏西丹穆圖美妻　馬氏富魁妻　江氏王治業妻　張氏蔣天

康趙氏委筆帖式保祥妻　洪袁氏委官成祥妻　瓜勒佳氏永壽妻

旌

西丹佤瑞妻　傅張氏德明妻　那東氏那奇先先妻　王氏連順妻　那李氏扎爾杭阿妻

索德妻　張關氏傅順妻　畢許氏善慶妻

阿林保妻　蘇孟氏那淩阿妻　李江氏兵恆明妻

昌妻　吳張氏五合妻　趙氏徐常安妻　傅關氏永音布妻　鍾夏氏羣保妻　吳趙氏

俊妻　關氏阿爾京阿妻

雙保妻　徐吳氏烏雲布妻

順妻　何氏永昌妻　鍾氏三喜妻　南氏五十子妻　關氏兵安楚拉妻

許氏西丹保倉妻　衡氏代明妻　白氏永福妻　趙氏官成妻

明泰妻

白佟氏 克興額妻

范氏 李延法妻

以上據册檔年分未詳

鈕胡哩氏 拉林羣德妻

舒穆嚕氏 烏忠阿妻

何哲勒氏 丁福妻

周氏 雙城堡鞠茂凌妻

鄭氏 五牙頭妻

夏氏 興祥妻

鄭氏 安福妻

榮氏 穆特佈妻

高氏 舒合德妻 以上據册檔載在十八年旗分未詳

琿春

鑲黃旗

正黃旗

正白旗

鑲白旗

正紅旗

鑲紅旗

正藍旗

鑲藍旗

乾隆二十二年至四十九

鈕瑚特氏教習官登保妻

烏扎拉氏驍騎校安精阿妻

鈕祜祿氏兵奈東阿妻

尼瑪察氏兵費雅佳妻

鈕瑚特氏兵瑪爾蘇妻

額哲騰氏兵哈錫瑚哩妻

佈雅穆

年旌

乾隆五十二

鈕祜祿氏愛綳阿妻
和舍勒氏兵喜道妻
鈕祜祿

齊氏兵五十九妻
赫舍勒氏兵額吉赫納妻
鈕祜祿氏兵賽能阿妻

以上盛京通志
莫勒哲勒氏兵泰穆妻
富察氏兵耶蘭保妻

年至六十年旌

氏 兵佀沙布妻

鈕祜祿氏 兵穆保妻

瓜爾佳氏 護軍哲楞保妻

額哲圖氏 兵瑪揚阿妻

鈕祜祿氏 瑪音保妻

嘉慶元年至十一年旌

伊爾根覺羅氏兵和新特妻

扎拉哩氏兵依保泰妻

扎拉哩氏藍翎侍衛哲楞保妻

薩克達氏訥清額妻

郤楚喀氏兵沙金泰妻

色勒哩氏岱勝額妻

卜察氏倭爾霍納妻

薩克達

舒穆嚕氏兵達新保妻

何業氏兵色音保妻

烏蘇氏委筆帖式岳順妻

和舍哩氏丹岱妻

	嘉慶二十年至
	額吉圖氏德克德妻　何業氏兵依勒佈訥妻　瓜爾佳氏兵薩凌阿
氏依爾富阿妻　鈕祜祿氏蘇楞額妻	鈕祜祿氏德楞保妻　佈彥吉氏兵托精阿妻　鈕祜祿
穆爾察氏兵額勒登保妻	鈕祜祿氏兵舒倫保妻　鈕祜祿氏德明德妻　色勒哩

二十五年旌　道光

妻

額哲圖氏兵扎郎阿妻

扎拉哩氏雲騎尉嚴

氏阿淩阿妻

鈕祜祿氏德克德妻

何舍哩氏萬德妻

鈕祜祿氏兵業恨保妻

何舍哩氏巴阿通阿

氏兵海平阿妻

何業氏倭克托訥妻

二年至二十八年旌

沖阿妻

何舍哩氏領催德新保妻

部楚拉氏楚淩德妻

瓜爾佳氏兵烏淩德妻

伊爾根

妻

瓜爾佳氏烏綳額妻

奚察氏保塔哩妻

額吉圖氏兵忠德妻

扎斯氏兵色佈興額妻

鈕祜祿氏西泰保妻

鈕祜祿氏獨龍阿妻

覺羅氏
英德妻

部楚拉氏
額特恩保妻

瓜爾佳氏
業和德妻

富察氏
領催委官博音保妻

鈕祜祿氏
兵富亮妻

鈕祜祿氏
兵秋豐德妻

鈕祜祿氏
富清妻

鈕祜祿氏
兵烏爾松阿妻

	咸豐年旌	同治年
鈕祜祿氏 兵成德妻		額吉圖氏 領催年常阿妻
		色勒哩氏 額騰額妻
	富察氏 富常妻 鈕祜祿氏 兵舒隆阿妻	額吉圖氏 年常阿妻
		額吉圖氏 教習官由豐阿妻
		何業氏 兵舒翎阿妻

旗	光緒二年八年十
	薩克達氏兵永林妻 額吉圖氏依力佈妻 色勒哩氏永春妻
瓜爾佳氏蘇勒方阿妻	何舍哩氏依鐙額妻 鈕祜祿氏平泰妻 部楚拉氏六豐阿妻
	何舍哩氏兵林綳額妻
	何舍哩氏兵色佈珍妻 鈕呼嚕氏霍倫佈妻 鈕呼嚕氏博林妻

二年十九年旌

瓜勒佳氏格車佈妻

瓜勒佳氏明春妻

何舍哩氏依興額妻

烏扎拉氏薩炳阿妻

和葉勒氏魁祥妻

瓜勒佳氏喜福妻
烏雅拉氏勝林妻
鈕呼嚕氏雙福妻
陳氏富林妻
朱佳氏九成妻

道光　咸豐　同治　光

吳佳氏 柏順妻

吉林府 伊通州附

劉氏 尚禮社四甲楊銘妻

王楊氏 存儉社六甲

楊氏 尚禮社四甲齊毓信妻

于氏 尚禮社三甲劉問聰妻

馬氏 于培元妻

部氏 趙文魁妻

張氏 尚禮社五甲趙文成妻

鄭氏 克勤社三甲馬士俊妻

張氏 居仁社八甲孔毓成妻

梁氏 永智社四甲馮漢霄妻

霍氏 誠信社五甲龍世寬妻

王氏 誠信社七甲常允琛妻

楊氏 尚禮社三甲李士元妻

范氏 尚禮社五甲黃占一妻

鄭氏 居仁社八甲陳玉柱妻

李氏 誠信社五甲金光宸妻

牟氏 金朝望妻

李氏 誠信社六甲五里河劉世珍妻

李氏 誠信社七甲大楡樹丁福恒妻

王氏 存儉社上四甲尤家屯張克祥妻

姜氏 興讓社七甲紅石磊大屯卒發喜妻

姜氏 紅石磊大屯灓永春妻

李氏 居仁社五甲太學生賈學誠繼妻

郭氏 興讓社一甲張三屯祝富盛妻

周氏

緒年先後旌

興讓社七甲蘇家大岔楊成廣妻
曹氏尙禮社二甲袁美妻
邸氏誠信社三甲王毓秀妻
劉氏誠信社五甲衣萬有妻
張氏誠信社七甲王純妻
楊氏張福成妻
王氏興讓社七甲劉忠士妻
張氏滕雲祿妻
戴氏居仁社八甲王永祿妻
姜氏居仁社五甲李秉信妻
馬氏居仁社七甲朱培綸妻
魏氏劉呈瑞妻
陳氏伊通誠信社九甲張金德妻
楊氏居仁社二甲武盡發妻
沈氏葛福林妻
王氏居仁社八甲張鳳翰妻
喬氏興讓社六甲胡九德妻
孫氏存儉社四甲高廣福妻
趙氏永智社六甲于洪一妻
張氏永智社十甲邢永金妻
郜氏耕讀社三甲王祥妻
張氏忠信社二甲李桂林妻
白氏允信社一甲李文福妻
張氏崇禮社一甲劉榮春妻
于氏夫字二牌慈俊妻
汪氏王金妻
王氏尙禮社二甲馮連仲妻
孫氏居仁社二甲于雲妻
王氏誠信社七甲李太豐妻
趙氏伊通由義社一甲徐興邦妻
王氏徐興仁妻
郭氏誠信社七甲馬秉彝妻
張氏誠信社十甲穆成均妻
王氏尙禮社三甲馬英妻
以上據册案

長春府				咸豐	同治		光緒	

長春府

王高氏 張李氏 叢王氏 袁趙氏 張胡氏 盧姜氏 馬王氏 滕賈氏

聶叢氏 張姚氏 田張氏 朱李氏 王孫氏 馬趙氏 梁劉氏 何馬氏

丁李氏 于商氏 鄭于氏 郝方氏 以上據册案年分夫名俱未詳

咸豐 同治 光緒

李氏王俊妻 王氏吳文獻妻 倪氏樊仲妻 厲氏朱珽妻 鄒氏王樹烈妻 毛氏蔣永泰妻

張氏鄒智妻 趙氏鄒溎漢妻 鄒氏張廷杜妻 黃氏董連保妻 王氏鄭友輔妻 徐氏李彧妻

王氏邵德齡妻 王氏楊思遠妻 于氏李嘉聘妻 孫氏王德妻 陸氏賈振霖妻 張氏劉福妻

朱氏李增妻 劉氏王元閣妻 王氏谷榮妻 李氏胡士元妻 李氏王玉禮妻 蔡氏李瑞妻

方氏郝來子妻 焦氏張連妻 吳氏張福妻 于氏郭成信妻 胡氏蘇珍妻 孫氏李鳳儀妻

王氏李楷妻 胡氏張有德妻 于氏韓永泰妻 陳氏王仲妻 王氏邵榮妻 劉氏李文會妻

年旌

李氏回民沙永柱妻　于氏王鳳岐妻　傅氏王秉貴妻　劉氏蓋坤妻　谷氏蔡金龍妻　王氏李永

增妻　劉氏張百田妻　于氏滕樹發妻以上據冊案

伯都訥廳

同治光緒年旌

蔡氏錢廣卿妻　張氏何福妻　楊氏張士傑妻　王氏李廷選妻　李氏王明妻　王氏龔貴妻

王氏楊發妻　趙氏王廷舉妻　王氏張廷卿妻　董氏楊貴一妻　楊氏張桂山妻　王氏張桂林妻

喬氏李廷柱妻　邵氏孟廣富妻　李氏吳國忠妻　孔氏林國佩妻　邱氏林長馥妻　王氏傅存妻

王氏谷肇瑞妻　劉氏谷肇升妻　姜氏胡殿元妻　張氏王鈐妻　張氏王明躍妻　劉氏王明周妻

趙氏蕭九恭妻　李氏王松福妻　薛氏趙麟秀妻　李氏車士英妻　王氏李喜妻　王氏馬文川妻

以上據冊案

雙城廳

李氏三家窩棚張林妻　楊氏于家馬架子張天喜妻　王氏于家馬架子胡振妻　胡氏女居于家馬架子　王氏新發屯窩棚楊有春妻　蘇氏新發屯窩棚楊文有妻　賈氏新發屯窩棚楊振有妻以上據册案同治五年旌

五常廳

董氏劉萬光緒十六年玉妻年旌

吉林通志卷一百十九

人物志四十八　列女表三

吉林　烏槍營　水師營　官莊壯丁　壯丁　站丁

臺丁分隸焉

	康熙雍正時
鑲黃旗	瓜爾佳氏筆帖式相塔妻　彥古氏古木納妻
正黃旗	彥扎氏武克都訥妻　那拉氏卓拜妻　默爾哲
正白旗	瓜爾佳氏協領哈爾薩妻　阿穆拉氏驍騎校奈
鑲白旗	錫克特拉氏驍騎校綽洛妻　索綽哩氏筆帖式官
正紅旗	佛岳莫氏防禦瑚鈕妻　尼瑪奇氏阿爾瑚妻
鑲紅旗	那拉氏佐領默爾泰妻　瓜爾佳氏驍騎校曠紫妻
正藍旗	瓜爾佳氏佐領格爾都妻　覺羅氏多和起妻
鑲藍旗	舒穆嚕氏愛東阿妻　富察氏阿密那妻　瓜爾佳

先後旌

瓜爾佳氏阿那布妻　覺羅氏額爾秋妻　布爾哈拉氏瓦拉布妻　扎庫塔氏那什妻　朱氏錫佛

勒氏莽第妻　瓜爾佳氏瑚什塔妻　尼瑪察氏喀鈕妻　翁吉拉氏阿克三妻　扎拉氏阿蘭妻

景阿妻　巴雅拉氏驍騎校依布格訥妻　古瑚拉氏鈕克訥妻　托克洛氏武尚阿妻　覺羅氏阿起妻

保妻　烏素氏筆帖式顏保妻　默爾德拉氏雅克薩妻　瓜爾佳氏薩哈連妻　瓜爾佳氏烏庫拉妻

覺羅氏雅圖妻　瓜爾佳氏什圖妻　瓜爾佳氏溫拜妻　特路勒氏桂勒和妻　扎庫塔氏白什妻

瓜爾佳氏巴布岱妻　瓜爾佳氏雅爾那妻　蒙古氏薩泰妻

蒙古氏那松阿妻　扎洛特氏瑚什圖妻　奇默德氏爵和托妻　托科氏都瓦喀妻　扎拉氏阿爾賽妻

氏富他那妻　富察氏密哈達妻　烏扎拉氏錫特庫妻　覺羅氏喀拜妻　管氏漢軍高品極妻

乾隆

訥妻
王氏 金文亮妻
烏素氏 龐德妻
富察氏 科博索哈妻
瓜爾佳氏 領催海清

烏素氏 鈕罕妻
他塔拉氏 甲兵瑪爾

鄂素洛氏 畢爾琿妻
富古塔氏 筆帖式圖

瓜爾佳氏 雅色那妻
索綽哩氏 那爾玖妻
瓜爾佳氏 領催巴達

瓜爾佳氏 邁曆妻
瓜爾佳氏 松阿拉妻
瓜爾佳氏 白爾德妻
富察氏 敦達禮妻
瓜爾佳氏 防禦岱圖

以上舊志年分未詳
瓜爾佳氏 甲兵瑪爾

閻氏 護軍特尼勒妻

富察氏 前鋒五顏泰妻

十年旗

妻
蒙鄂素氏甲兵尼雅勒德妻
托和囉氏伊發那妻
瓜爾佳氏額爾德勒妻
富察氏

圖妻

山妻
楊氏領催聶國柱妻
葉赫氏甲兵蕭托和妻
察哈爾氏扎爾泰妻
李氏達拉妻
劉氏溫進

拉妻
富察氏甲兵色爾特妻
扎拉爾氏番都妻
尼瑪察氏瑚爾吉那妻
舒穆嚕氏五十六妻

妻
布拉雅圖氏驍騎校達虎妻
他塔拉氏甲兵扎蘭泰妻
王氏水師營水手韓周仁妻

賽妻

托果羅氏領催庫古那妻
楊氏甲兵錫特庫妻
尼瑪察氏圖墨納妻
塔楚拉氏錫和勒妻
索綽羅

阿賽妻
李氏和上妻
楊氏那郎阿妻
周氏壯丁那木起妻
李氏尙子妻

魁妻
扎庫塔氏瑪哈那妻
富察氏拉哈妻
穆爾察氏薩哈連妻
瓜爾佳氏扎哈爾圖妻

尼瑪齊氏西三泰妻
李氏壯丁楊宗義妻

氏布拉達妻
瓜爾佳氏格出妻
劉氏水師營水手蕭海壽妻
謝氏站丁孫雲龍妻

馮氏水師營水手魯朝宗妻

孫氏壯丁杜寶妻

佟氏對哈那妻

林氏徐士元妻

王氏郭登

魁妻
王氏施進忠妻
李氏莊金妻
金氏劉西安妻
裴氏王懷仁妻
賢氏鄭爲

國妻

尚氏　呂文甲妻

楊氏　金三保妻

趙氏　李雅德妻

李氏　韓國泰妻

王氏　錢爲

四

正妻

陳氏張連魁妻

塔氏臺丁魯英遷妻

王氏李士文妻

張氏劉貴昇妻

陳氏王宗

乾隆十一十二十

伍氏 薩爾泰妻
胡氏 陳索妻
紀氏 韓延祚妻
張氏 常祿

顏妻
王氏 李文賓妻
扎庫塔氏 驍騎校齊齊克妻
瓜爾佳氏 甲兵韓爾特妻
顏扎氏

尼瑪奇氏 甲兵布拉達妻

顏扎氏 防禦三泰妻

顏扎氏 佐領山濟思哈妻
瓜爾佳氏 甲兵朱爾賽妻

烏舍里氏 筆帖式舒書妻
伊爾庫勒氏 甲兵吉爾達妻
瓜爾佳

三年旌

妻

郭氏甲兵長德妻

崔氏佟海妻

拜唐阿倪馬齊妻

尹氏水手李之英妻

范氏朱繼相妻

韓氏羅組妻

氏錫特庫妻

他塔喇氏布蘭泰妻

張氏水師營水手楊惠恩妻

張氏石茂勛妻

楊氏阜保妻

瓜爾佳氏孫桂齡妻

沈氏壯丁劉文進妻

李氏張善妻

馬氏馬進宗妻

胡氏播振宏妻

吉林通志卷一百十九　七

尙氏劉士貴妻　耿氏張國選妻　王氏三舍妻　田氏張望妻　孫氏李文方妻

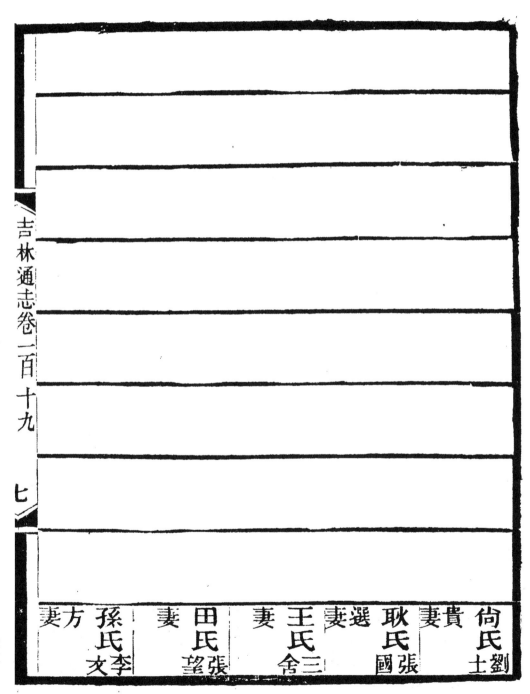

耿氏 阿福妻

董氏 臺丁楊富妻自

李氏 范宏道妻

王氏 站丁蔡新妻自

薛氏 李華妻

包氏王益貢妻

宋氏孫戴先妻

雷氏王輪妻

韓氏站丁李牌遠妻

乾隆

富察氏甲兵談泰妻

富察氏甲兵希佛訥妻

伊爾根覺羅氏

布庫哩氏甲兵哈斯

瓜爾佳氏甲兵張文

丁氏甲兵查爾齊妻

伊爾根覺羅氏

尼瑪奇氏領催楊壽

十四十六十七十八年旌

富察氏莽阿那妻 伊爾根覺羅氏巴思圖妻 薛氏溫塔妻 錫默勒氏噶卜勒妻 莫爾得

默赫勒氏甲兵佛格妻 富察氏秀杜妻 富察氏博爾索妻 尼瑪察氏艾格德妻 舒穆嚕

甲兵當色妻 伊爾根覺羅氏閑散塔思太妻 瓜爾佳氏兵賚圖妻

克妻 尼瑪奇氏伊爾薩妻 扎庫扎氏長保妻

泰妻 烏色氏甲兵博爾屯妻 額伊克勒氏領催僧格勒妻 珠沙爾氏甲兵圖立那妻 西色勒

色爾虎德妻 牛氏臺丁陳先文妻 默爾哲勒氏領催巴秀妻

妻 陳氏水手吳祥妻 吳氏壯丁韓成妻 李氏張孝四妻 喻氏劉老格妻 張氏蔡文

哩氏汪阿那妻　富察氏甲兵甯古岱妻　胡氏五魁妻

氏巴銀達里妻

氏索新妻

倉妻　徐氏王仁清妻　張氏楊南柱妻　郭氏楊放心妻　劉氏王兆良妻　董氏蔡官

乾隆十九年旗

王氏甲兵石柱妻
王氏保佑妻
王氏石爾妻
王氏七十

阿蘇氏甲兵雅思哈妻

彥濟氏驍騎校阿玉璽妻
特勒勒氏前鋒索多樂妻
彥濟氏

富察氏甲兵葉布蘇妻
賓古塔氏木齊納妻
鈕祜祿氏雙頂妻

瓜爾佳氏前鋒達柯妻
喜塔喇氏甲兵鄧柱妻
莫爾德

薩克達氏甲兵花色妻
佟佳氏班金泰妻
格岳樂氏安泰妻

杜妻
劉氏皮文采妻
格岳樂氏甲兵薩林保妻
瓜爾佳氏布金泰妻
伊爾庫勒氏阿爾

乾隆二十年旌

九妻
旗分未詳者附
金氏增壽妻
劉氏站丁孫國成妻
溫氏雷雲名妻

甲兵阿伯金妻

哩氏法林泰妻
果絡羅氏薩爾圖妻
庫雅拉氏瑚什巴妻
瓜爾佳氏伊靈阿妻

薩妻
富察氏達帶妻
謝氏水師營匠役劉士魁妻
楊氏臺丁楊忠妻
李氏站丁牛國保妻

乾隆二十一年

烏碩氏 甲兵佛瑪妻

瓜爾佳氏 兵伊色妻

沙氏 張宗魁妻

周氏 張俊妻

布雅穆齊氏 甲兵麻禮妻

杜氏 傅爾泰妻

詹氏 魯舒

乾隆	旗
那穆達拉氏 甲兵	
扎拉哩氏 甲兵英保	
瓜爾佳氏 甲兵哲祿	
齊特克勒氏 甲兵	
他塔喇氏 甲兵南春	
佟佳氏 甲兵留保妻	
薩克達氏 甲兵六格	妻　烏扎拉氏 五三泰妻　薩克齊哩氏 得爾舒勒妻　瓜爾佳 二保妻

吉林通志卷一百十九　十三

二十二年旗乾隆二十三

庫雅拉氏 甲兵額森特妻
瓜爾佳氏 烏三泰妻

德色勒妻
伊爾根覺羅氏 甲兵阿林塔妻
郭氏 伊達色妻

妻
伊爾根覺羅氏 甲兵保住妻

深妻
薩克達氏 烏三泰妻

阿蘭泰妻
瓜爾佳氏 丹特妻
阿蘇氏 前鋒同格妻
瓜爾佳氏 甲兵烏爾岱妻

妻
瓜爾佳氏 尼堪妻

瓜爾佳氏 阿蘭泰妻
烏色氏 卦那妻
伊爾根覺羅氏 前鋒都楞額妻
庫雅拉氏 甲兵烏三

妻
佟佳氏 卡色妻
瓜爾佳氏 哈布山妻
額赫勒氏 甲兵張保妻
伊爾根覺羅氏

年 旌

徐氏五雅圖妻

泰妻

英額妻 伊爾根覺羅氏舒祿妻

乾隆二十四年

瓜爾佳氏前鋒那爾善妻 歸入烏拉

伊爾根覺羅氏甲兵保英妻 舒穆嚕氏阿林保妻 富察氏

尼氏甲兵永陞妻

富察氏領催阿泰妻 王氏甲兵楊上幸妻

喜塔喇氏甲兵五十八妻

錫尼雅氏甲兵羅柱妻

旌

乾隆二十五

托起妻

瓜朱佳氏 哲庫納妻

大氏 烏槍營兵劉上禮妻

瓜爾佳氏 前鋒那爾善妻

盧氏 兵馬斯木妻

張氏 兵木成格妻

伊爾根覺羅氏 保永妻

伊爾根覺羅氏 兵那斯他妻

默爾德呼氏 烏巴

龍氏 兵張文秀妻

倪氏 白永升妻

張氏 王見

富察氏 領催恩泰妻

伊爾根覺羅氏 兵哈爾賽妻

喜塔喇氏 兵五十八妻

錫墨勒氏 瑪色那妻

瓜爾佳氏 領催色爾呼德妻

鈕嚕氏 年昌阿妻

瓜爾佳氏 驍騎校巴雅拉妻

庫齊哩氏 兵蘇爾吉

年　旌

李氏同壽　妻　納喇氏巴爾和妻　富察氏奚三泰妻

舒穆嚕　氏阿林保妻　達氏劉尙　禮妻　富察氏　托起妻　瓜爾佳　氏哲庫納妻　伊爾根　覺羅氏

理妻　王氏伊爾　色妻　尼瑪齊　氏庫爾哈妻　託果羅　氏閑散托洛　妻

仁妻

巴雅喇　氏邁圖妻　王氏楊尙　信妻　郭氏烏槍　營兵趙世華妻

佛穆齊　氏兵奚特烏　諾妻　吉齊羅　氏王家妻　扎庫塔　氏哲赫德妻　亨奇勤　氏素那哈妻　陳氏古斯

納妻　錫特哩　氏海齊妻　錫尼雅　氏羅柱妻　張氏水師　營水手李俊妻　鄭氏站丁　張興邦妻　陳氏李文

凌保妻

泰妻

瑞妻

姜氏 劉瑞林妻

吳氏 姜文相妻

馬氏 賈勳妻

王氏 邊門李臺丁環妻

范氏 王玉

乾隆二

李氏兵羅格妻

阿卜哈爾氏兵薩爾泰妻

烏什氏兵華善妻

錫璺勒氏兵巴彥泰妻

妻

井氏任士浩妻

范氏白文美妻

張氏牛俊佐妻

薩克塔氏兵碩瑚妻

納喇氏

十六年旌

巽爾固勒氏聶克都妻

伊爾根覺羅氏英格訥妻

柏岱妻

乾隆二十七年旌

默爾哲勒氏兵喀木尼哈妻

瓜爾佳氏五十六妻

甯古塔氏那爾賽妻

劉氏兵蘇沖額妻

富察氏阿本唐阿妻

周氏鳥槍營兵侯連坊妻

喜塔喇氏兵佳思泰妻

科齊勒氏明德妻

富察氏兵安楚拉妻

墨爾希勒氏朱魯爾德妻

布雅木齊氏領催

翁鄂吉氏前鋒三官保妻

他塔喇氏兵五十妻

舒穆嚕氏彥太妻

烏扎拉氏兵畢三泰妻

阿穆魯氏佛吉妻

李氏劉兆妻

乾隆	
	烏扎拉氏閑散佳木庫妻　任氏盧良臣妻
瓜爾佳氏閑散阿勒	
瓜爾佳氏兵哲庫納	
吉普扎氏兵博爾托	永善妻
舒穆嚕氏兵綽克託	
扎拉爾氏驍騎校丹	
佟佳氏兵莽格勒妻	郭氏壯丁彭思俊妻　李氏鄭旺妻　趙氏李連坊妻　王氏王登科妻

二十八年旌

妻

妻

妻 瓜爾佳氏官保杜妻 舒穆嚕氏法頼妻 高氏烏槍營兵趙文良妻

勒妻 博爾濟克氏齊塔特妻 烏什拉氏阿林圖堪妻 瓜爾佳氏閑散賁拜妻

達勒妻 託果羅氏兵薩爾泰妻 劉氏劉萬金妻

特賫爾氏齊蘭保妻 鄭氏站丁王文學妻 徐氏温朝彬妻 李氏田洪法妻 王氏金鳳林妻

乾隆二十九年旌

烏哩氏兵三德勒妻

尼瑪察氏閑散八十妻　葉赫氏阿吉那妻

博楞果特氏領催少碩妻

瓜爾佳氏兵阿爾泰妻

趙氏烏槍營兵聶桃妻

富察氏兵達蘭泰妻　瓜爾佳氏哈拉妻　瓜爾佳氏阿蘭那妻　鈕祜祿氏閑散莽格妻

佟佳氏閑散保格妻

瓜爾佳氏兵伊蘇德妻　魏氏水師營閑散張舒妻　金氏站丁王良俊妻　李氏張宗表妻　周氏蔡愼

乾隆三十年

鄂爾綽倫氏 兵多古妻

伊爾根覺羅氏

舒穆嚕氏 兵長博妻

錫特烏哩氏 兵烏璽卜妻

富氏 領催穆克登額妻

妻

曹氏 官莊壯丁徐世達妻

楊氏 白應魁妻

烏哲勒氏 護軍何楊阿妻

扎思瑚哩氏 兵班

旌

瓦爾圖妻

第妻

默爾哲勒氏義齊納妻

舒穆嚕氏黑達色妻

尼瑪察氏沙爾虎達妻

梁氏水師

營水手黃從禮妻

郭氏 邊門臺丁李義妻

夏氏 官莊壯丁徐德化妻

王氏 陳義妻

乾隆

富察氏 雲騎尉孫塔妻

瓜爾佳氏 兵佛爾經

瓜爾佳氏 筆帖式博

富察氏 兵丁勾妻

三十一年旌

鈕祜祿氏 兵艾達妻
薩克達氏 巴爾虎妻
伊爾根覺羅氏 七十妻

額妻
邊氏 漢軍閑散張克傑妻

里妻
李氏 閑散愛書妻

佟佳氏 長泰妻
富察氏 閑散岱子妻
王氏 站丁劉書紳妻
蘇氏 徐文煥妻
靳氏 王國卿妻

乾隆三十二

烏蘇氏
閑散金光妻
扎拉爾氏
兵瑪爾達

禮佳氏
兵虎士巴妻

伊爾根覺羅氏
閑散五爾布士妻

王氏
徐士煥妻
何氏
李世亮妻
厲氏
黃國倉妻

年旌　乾隆三十三年旌　乾隆

妻

富察氏閑散額楞特妻　扎庫塔氏閑散遜塔　瓜爾佳氏兵達爾薩

楊氏兵阿士泰妻　富察氏八達子妻　奚氏郎圖妻

王氏漢軍邢自福妻

伊爾根覺羅氏兵索達子妻　巴瑪齊氏兵察米妻

關氏兵那柱妻　馬氏邊門臺丁陳剛妻　楊氏趙有貴妻　都曾氏雲騎尉五彥泰

三十四年旗

妻

科齊拉氏兵五倫妻

博楞果特氏多保妻

范氏閑枝貴妻

拉妻

綽爾和洛氏閑散五格卓妻

雷氏閑散阿林保妻

妻

託果羅氏領催多爾吉那妻

庫雅拉氏兵三喜保妻

託果羅氏閑散巴彥泰妻

乾隆三十五年

和哩德孫氏閑散
氏閑散盧自
妻森泰明妻

劉氏漢軍許文秀妻

楊氏官莊壯丁張全義妻

瓜爾佳氏閑散五保妻

瓜爾佳氏閑散果佳妻

旌

王氏水師營正丁張明富妻
李氏站丁李朝賓妻
李氏李朝臣妻
徐氏萬世祿妻
馬氏邊門

乾隆三

格吉勒氏閑散雅思哈妻

西扎氏兵佳呼士妻

烏拉氏兵五遼妻

瓜爾佳氏閑散巴爾虎妻

薩克達氏兵加薩達妻

臺丁那來鳳妻

劉氏塔文熙妻

岳氏田宗妻

王氏李世祿妻

乾隆三十 十六年旌

張氏 弓匠四十妻

顏扎氏 驍騎校坑色妻
莫爾吉勒氏 兵呼

託果羅氏 兵璽格立妻

和勒氏 兵巴彥泰妻

瓜爾佳氏 閑散五保妻
果爾洛

林氏 官莊壯丁周廷魁妻
楊氏 站丁江繼堯妻
王氏 王明貴妻
陳氏 驍騎校道善妻
尼瑪察氏 兵劉吉妻

瓜爾佳氏 閑散九達色妻
黃氏 站丁

七年旌

什塔妻

氏文壽妻

乾隆三十八

瓜爾佳氏兵富海妻

陳氏閑散楊耀妻

李氏閑散尼祿訥妻

伊爾根覺羅氏七十妻

尼瑪齊氏兵尹其顯妻

孔印妻

高氏鈕天運妻

瓜爾佳氏閑散蓋柱妻

布扎氏卓爾托妻

年 旗

乾隆

烏舍氏 兵色森泰妻

赫西勒氏 領催雙里

克特瑚特氏 蒙古

尼瑪齊氏 兵福色保

瓜爾佳氏 閑散頎廉妻

姚氏 閑散德德

鄭氏 漢軍閑散段緒妻

楊氏 水師營水手李惠妻

胡氏 沈天祥妻

黎氏 巡檢沈澤寬妻

三十九年旌

扎克達妻
氏閑散墨鈎妻
瓜爾佳氏閑散阿清阿妻

額親保妻

妻

妻
奚卜魯氏楞保妻
顏扎氏塔克善妻

雷氏站丁鈕天玉妻
張氏沙福善妻
黃氏雷起春妻
鄒氏張尚忠妻
李氏李思敬妻

乾隆四十年旌

託果羅氏 閑散巴里善妻

瑚勒德哩氏 兵烏里布妻 孫氏 達敏妻 瓜爾佳氏 西森泰妻 伊瑚嚕

瓜爾佳氏 阿善保妻

尼瑪察氏 監生甘春妻

楊氏 邊門臺丁田永增妻

瓜爾佳氏 防禦瑪哩尼妻 袁氏 水師營水手紫雲鳳妻 卞氏 官莊壯丁李登明妻

乾隆四十一年旌

扎爾都氏 前鋒色克圖妻　噶齊塔氏 漢軍閑散阿爾素藹妻　李氏 噶爾都妻

氏 穆克登保妻

庫雅拉氏 閑散西保佳妻

瓜爾佳氏 兵常在妻

伊爾根覺羅氏 兵納爾賽妻　胡佳氏 保爾妻

張氏 閑散劉覓元妻

劉氏 漢軍徐瓚妻

張氏 李登貴妻

富察氏 兵瑪喇妻　王氏 邊門臺丁王瑚妻

乾隆四十二年

曹氏晉昌保妻
王氏五十妻
薩克達氏閑散巴延保妻
格齊勒氏蒙古兵額爾特妻

伊爾根覺羅氏閑散穆齊納妻

瓜爾佳氏兵扎蘭泰妻
尼瑪齊氏鄂斯泰妻

賈氏漢軍閑散孫芳妻
范氏王國柱妻

裕爾庫勒氏兵登特妻
富察氏閑散德保妻

楊氏兵班達爾善妻
杭阿塔氏閑散車棱妻
西穆哩

旌

乾隆四十

默爾哲勒氏佐領阿納泰繼妻

託果羅氏前鋒精保妻

壘勒德哩氏兵烏精額妻

尼瑪察氏二等侍衛巴斯哈妻

穆氏領催烏爾瑚瑪妻

扎庫塔氏閑散愛西木保妻

氏烏什泰妻

侯氏水師營額丁張士奇妻

郭氏站丁張斌妻

烏蘇氏兵烏里木保妻

瓜爾佳

烏蘇氏

瓜爾佳氏兵德伊木

濟拉喇氏福祿妻

三年旌

氏妻
兵星
倭額

富察氏
閑散薩
森保妻

閑散墨
棱泰妻

佈妻

默勒德
忠安
哩氏
保妻

李氏
水師營
幫五十
丁三妻

閔氏
官莊壯
丁如芝
李妻

曹氏
站丁張宗
孔妻

乾隆四十四年

伊爾根覺羅氏三等侍衛額爾登額妻
富察氏兵江保妻

尼瑪察氏兵開勤保妻
綽勒果羅氏開散喀魯妻

伊爾根覺羅氏前鋒色楞泰妻
瓜爾佳氏兵永保妻

富察氏兵穆魯訥妻
趙氏漢軍開散田永凱妻
田氏兵陳通妻

賀奇勒氏兵達敏妻
徐氏漢軍開散王傑妻
馬氏站丁趙之會妻

陳氏邊門臺丁李才妻
楊氏李文金妻

旗	乾隆四十五年旗		
	庫雅拉氏閑散阿爾善妻	徐氏漢軍雅爾泰妻	
扎爾呼達氏閑散伍什妻	瓜爾佳氏前鋒德齊布妻	濟布察氏兵烏拉特妻	瓜爾佳
	溫氏漢軍巴善妻		
	瓜爾佳氏烏靈阿妻	尼瑪齊氏楚色妻	
	尼瑪齊氏兵拜哈塔妻		
	默爾哲勒氏驍騎校德勒圖妻	都勒氏兵色克遜妻	瓜爾佳氏閑散巴三

乾隆四

瓜爾佳氏 領催納爾泰妻

氏 閑散伊常阿妻

沖阿拉氏 兵烏理穆布妻

扎庫塔氏 驍騎校阿蘭泰妻

額穆呼魯特氏 蒙古兵綽多博

瓜爾佳氏 驍騎校郭爾泰妻

范氏 邊門臺丁王國良妻

劉氏 官莊壯丁吳宗秀妻

劉氏 漢軍壯丁蕭勇妻

泰妻

十六年旗

布爾吉和特奇克氏 蒙古 兵進福妻

李氏 閑散遜德布妻

李氏 站丁吳鳳妻

王氏 王芳妻

默爾哲勒氏 烏理木保妻

託果羅氏 萬遂妻

伊爾根覺羅氏 兵烏遂齊妻

妻

范氏 烏槍營漢軍田永祿妻

乾隆四十七年旌

伊爾根覺羅氏兵蒙古泰妻
王氏鳥槍營漢軍蘇秉美妻
謝氏王有彬妻

李氏邊門臺丁那緒妻
訥塔喇氏閑散阿哈納妻
甯古塔氏噶斯哈妻
瑚蕖氏兵巴達色妻
扎庫塔

李氏漢軍領催賴杜妻
王氏漢軍哲璘妻
康氏漢軍曉色妻

伊拉理氏兵七隆妻
瓜爾佳氏尼西塔妻

雷氏鳥槍營漢軍馬從孺妻

伊爾根覺羅氏閑散尼瑪勒庫妻
董氏水師營水手許國章妻
鍾氏官莊

乾

王氏 閑散 溫國棟妻

關氏 兵富

氏 蘇齊木保妻

赫舍勒

王氏 閑散

韓氏 閑散

壯丁祖積秀妻

范氏 邊門臺丁張韋妻

金氏 尹棟妻

王氏 孫自妻

臧氏 藍美春妻

伊爾根

隆四十八年旌

鄭妻

氏閑散七十妻

瓜爾佳氏漢軍閑散瑪爾賽妻

珠音妻

貝庫哩氏阿蘭泰妻

楚爾古爾氏呼拉保妻

巴爾呼妻

覺羅氏閑散瑪爾吉妻

竇氏壯丁劉昆妻

張氏張文妻

乾隆四十

薩克達氏前鋒寶珠妻

富察氏

察哈拉氏兵尼楚克妻

張氏漢軍

克勒特氏蒙古兵哈拉妻

陳氏鳥槍

楊氏驍騎校額克圖妻

尼瑪齊氏兵齊里木保妻

九年旌

兵喀爾富妻

閑散郝尚妻

營漢軍兵趙瑄妻

李氏 閑散李進芳妻

李氏 水師營水手劉起鳳妻

張氏 官莊壯丁金珠珩妻

郭氏 邊門

臺丁范德功妻
李氏 李清國妻
張氏 王寬國妻
李氏 詹英文妻
鄭氏 田琥妻

嘉

扎庫塔

瓜勒佳

烏蘇氏

朱氏

兵色

庫德氏

以上盛京通志

蒙古家

奇他拉

關氏

兵額

吉林通志卷一百十九

慶年先後彙旌

氏 金德保妻
尼瑪察氏 德克精額妻
劉氏 漢軍 阿音泰妻
富察氏 閑散張四妻
富察氏 兵額勒什保妻

氏 兵珠爾干那妻
扎拉拉氏 兵蘇當阿妻
貝胡嚕氏 阿法哈妻
瑪齊氏 閑散烏爾古善妻

兵蘇托那妻
瓜爾佳氏 依林保妻
扎庫塔氏 閑散珠蘭泰妻
延扎氏 漢軍西楞泰妻
和圖哩氏 蒙古前鋒

克親保妻
察哈拉氏 額林保妻
瓜爾佳氏 羅林泰妻
伊爾根覺羅氏 閑散萬壽妻
和圖哩氏 三奇喀妻

兵色爾古德妻
圖莫特氏 巴彥圖妻
扎克丹氏 英善妻
瓜爾佳氏 佈勒他琿妻
鈕瑚哩氏 阿林保妻

氏 前鋒靈官保妻
瓜爾佳氏 閑散巴海妻
烏蘇氏 三等侍衛穆克登保妻
伊爾根覺羅氏

氏 兵楊壽妻
亨奇勒氏 兵伯都訥妻
那拉氏 閑散德亮妻
瓜爾佳氏 色爾佈妻
祟阿拉氏 巴圖魯妻

勒金保妻
俄木根努特氏 蒙古兵德爾圖妻
富察氏 額森保妻
瓜爾佳氏 依三保妻
莫勒德

王氏漢軍 閑散田福妻 劉氏領催 達爾善妻 莫勒德 哩氏兵永 保妻 伊爾根 覺羅氏 閑散忠德妻

烏蘇氏 兵巴克妻 王氏葉酬 妻 他塔拉 氏愛新保妻 瓜勒佳 氏莫爾色妻 都嚕氏 富爾善妻

努穆奇妻 巴雅拉 氏閑散芬珠 勒妻 佟佳氏 兵那爾善妻 張氏漢軍 閑散巴凌阿妻 伊爾根 覺羅氏

舒穆嚕 氏兵南泰妻 瓜爾佳 氏兵穆和德 妻 克勒特 氏蒙古領催 常西保妻 莫勒德 哩氏閑散

巴爾都 氏兵催阿林 保妻 依拉哩 氏兵弼三泰 妻 瓜勒佳 氏西林保妻 佟佳氏 閑散扎拉芬妻

阿林保妻 瓜爾佳 氏兵瑚新保 妻 佈雅木 吉氏兵泰 保妻 烏扎拉 氏圖桑阿妻 和奢勒

烏扎拉 氏兵塔申泰 妻 那拉氏 忠新妻 瓜爾佳 氏塔林保妻 扎庫塔 氏閑散富德 妻

哩氏雲騎 尉松山妻 烏蘇氏 閑散那蘇拉妻 富察氏 兵塔金泰妻 烏扎拉 氏達音保妻 莫勒德 哩氏閑散

楊氏漢軍閑散劉索柱妻
烏扎拉氏西佛訥妻
任氏閑散德克精額妻
范氏奇勒達勒妻
烏扎拉氏德親保妻

依庫祿氏靈保妻
伊爾根覺羅氏老格妻
烏扎拉氏穆新保妻
伍扎胡氏閑散瑪爾泰妻

雙喜妻
齊塔拉氏兵塔拉畢善妻
張佳氏漢軍阿揚阿妻
烏扎拉氏閑散佟德妻
富察氏

常明妻
格吉勒氏武成妻
金氏兵那金泰妻
焦察氏依常阿妻
瓜爾佳氏閑散富勒和妻

瓜勒佳氏德盛保妻
庫雅拉氏兵奇克騰額妻
尼瑪奇氏閑散索柱妻
延扎氏韓保妻

氏伍爾奇楞妻
富察氏依常阿妻
伊爾根覺羅氏賽秉阿妻
薩克達氏閑散阿里善妻

富察氏騎都尉穆騰額妻
瓜勒佳氏兵四福妻
登達拉氏閑散俊格妻
覺羅氏德楞額妻

萬達妻
扎拉拉氏瑪彥保妻
那里氏兵四十八妻
奇塔拉氏保住妻
瓜爾佳氏閑散莽泰妻

李氏漢軍薩林保妻
舒穆嚕氏兵色爾瑚德妻
延扎氏閑散瑪欽保妻
富察氏兵阿克棟阿妻
尼瑪察

博瑚勒
泰氏兵扎拉芬妻
富察氏巴山妻
鈕瑚嚕氏法里善妻
延扎氏索金保妻
富察氏

白清阿妻
富察氏倉官蘇林保妻
瓜勒佳氏閑散和森泰妻
李氏興海妻
王氏兵杜林泰妻

扎庫塔氏官德妻
噶吉塔氏多倫保妻
烏扎拉氏桃奇勒妻
庫特氏兵德保妻
烏雅氏傅保妻

瓜爾佳氏那孫保妻
博里果特氏兵吉朗阿妻
孫氏閑散喀塔妻
佛岳木齊氏淩保妻

姚氏明阿妻
郭氏兵巴彥泰妻
葉爾庫勒氏阿克占保妻
韓氏閑散倭爾泰妻
瓜爾佳

俄哲德氏蒙古閑散綳海妻
富察氏兵德克登妻
鄂鈕扎氏閑散烏雲珠妻
葉爾庫勒氏依林

富察氏兵烏里善妻
瓜爾佳氏台保妻
和爾烏特氏蒙古兵哈爾秋妻
張氏閑散達林保妻
富察氏

氏烏爾霍妻　圖哩氏閑散穆崇阿妻　伊爾根覺羅氏富英阿妻　賈氏漢軍閑散常保妻　呂氏雅欽泰妻

閑散僧保妻　和葉氏依三妻　富察氏沙金泰妻　佈雅穆吉氏西特庫妻　瓜爾佳氏佐領費雅

李氏閑散額勒精額妻　桃佈氏依保妻　亨齊勒氏登保妻　索克羅氏兵庫金保妻　熊氏漢軍

瓜爾佳氏閑散伍祥保妻　尼瑪察氏佛保妻　富察氏英保妻　佈爾特氏雅爾泰妻　劉氏兵富

尼瑪察氏色興額妻　富察氏兵訥森保妻　李氏吉倫保妻　張氏阿克津保妻　布雅木吉氏阿哈

氏古爾泰妻　博果特氏領催察明阿妻　瓜爾佳氏都京護軍參領花連保妻　墨勒德哩氏兵西隆阿妻

保妻　烏色氏孫柱妻　遲氏付成妻　王氏富永妻　莫勒德勒氏雅哈那妻

托精阿妻　瓜爾佳氏阿淩阿妻　富察氏額勒登保妻　白氏閑散塔吉妻　玻爾津氏蒙古閑散英保妻

尼瑪齊氏尼瑪什妻劉氏兵蘇閻哩妻楊氏閑散伊德妻尼瑪齊氏索勒霍氏西克特哩氏壽德

森保妻崇阿拉氏兵德克精額妻闊奇拉氏傅海妻烏扎拉氏閑散愛興阿妻瓜勒佳

七十三妻謝氏閑散德甯妻博爾錦氏蒙古兵什佳妻璺勒德哩氏閑散伊三保妻王氏富林

青阿妻劉氏蒙古兵雅欽保妻瓜勒佳氏達林保妻布雅穆吉氏班金保妻富察氏閑散蘇章阿妻

那妻張氏烏槍閑散呂寬妻趙氏巴海妻周氏趙連妻黨氏張天儒妻陳氏李俊

尼瑪察氏凱欽妻瓜勒佳氏閑散阿勒吉善妻巴勒塔拉氏富德妻烏蘇氏兵尼瑪西妻

烏蘇氏達沖阿妻伊爾根覺羅氏都京護軍副參領都淩阿妻瓜爾佳氏兵珠勒恨泰妻延扎氏

扎拉拉氏領催愛金保妻瓜勒佳氏閑散二德妻巴雅拉氏兵賚秉阿妻塔奇哩

妻
瓜勒佳氏漢軍閑散五十七妻
白氏蓮薩哈妻
劉氏領催德森保妻
王氏漢軍閑散扎隆阿妻

氏常安妻
張氏兵德林保妻
瓜勒佳氏佐領章庫妻
瓜勒佳氏布庫妻
那拉氏兵忠明妻

泰妻
徐氏漢軍閑散定保善妻
烏扎拉氏兵鄂倫泰妻
尼何哩氏閑散德興額妻
鄭氏漢軍

傅爾津氏蒙古兵穆克登保妻
恰那喇氏領催那米達妻
富察氏閑散富林保妻
伊爾根覺羅氏

妻
楊氏呂占元妻
孫氏郭德昇妻
陳氏趙永亮妻
高氏張雲良妻
郭氏田作

瓜勒佳氏烏爾恭阿妻
伊爾根覺羅氏雲騎尉富升妻
尼瑪齊氏閑散林保妻
富察氏

蒙古領催阿森保妻
瓜爾佳氏閑散德平妻
庫德氏富德妻
烏蘇氏德克吉佈妻
盛氏蒙古

氏前鋒依凌阿妻
莫勒德哩氏兵富三妻
舒穆嚕氏領催七十五妻
薩克達氏那爾胡善

吳扎胡 氏蒙古筆帖式依常阿妻 巴勒社 氏閑散淩官保妻 孫氏烏槍營閑散張榮賢妻 張氏吳發

圖莫特 氏閑散富陞妻 貝庫將 氏兵西林泰妻 扎庫塔 氏托延保妻 搿努徐 氏蒙古領催

兵安祿妻 科哩德 氏蒙古兵巴淩阿妻 徹科哩 氏莫森泰妻 瓜勒佳 氏扎林保妻 舒穆嚕 氏領催依三

兵阿爾奔妻 伊爾根 覺羅氏 閑散胡欽保妻 洪氏烏槍營張柱妻 姚氏兵吳文儒妻 韓氏閑散白金妻

妻

惠保妻 布雅木 吉氏依蘭保妻 金氏烏槍營張秉妻 李氏閑散何連棟妻 王氏龔永妻

閑散常安保妻 扎庫塔 氏色棱額妻 氏淩德 妻 傅察氏 兵花沙布妻 扎哩氏 花淩阿妻 黃氏烏槍

妻 蔡氏閑散西海妻 瓜爾佳 氏兵富升額妻 格吉勒 氏舒敏妻 扎庫塔 氏德克精額

妻
沙氏徐佩妻
趙氏馮壽禮妻
溫氏徐懷慶妻
高氏兵牛大有妻
李氏閑散

喀奇蘭妻
富察氏閑散烏淩額妻
瓜勒佳氏川德妻
劉氏烏槍營閑散屈德榮妻
王氏張亮永妻

妻
秋氏漢軍閑散廣通妻
曹氏定柱妻
格吉勒氏前鋒德新保妻
瓜爾佳氏兵色楞泰

王氏姜元斌妻
吳氏白俊聰妻
賈氏王文珍妻

魯氏宋國泰妻
李氏王紹祿妻
于氏王朝祚妻
孫氏魯英妻
王氏兵徐坤妻

營閑散史旺妻
張氏張賢德妻
韓氏盛傑妻
孫氏張明喜妻

妻
關氏托林保妻
李氏格倫保妻
高氏鈕泰有妻
李氏烏槍營劉起公妻
牛氏閑散

張曾妻

祝氏 楊愷衡妻

劉氏 曹侚信妻

張氏 張文盛妻

杜氏 烏爾松阿妻

王氏 兵謝昇龍妻

王氏 兵吳寬妻

妻

王氏 烏鎗營朱孝順妻

張氏 蘇彬妻

于氏 張文達妻

鄭氏 閑散劉發妻

張氏 李良

王氏 閑散張國柱妻

范氏 兵王照妻

滕氏 王文漢妻

王氏 閑散馬添旺妻

趙連舉妻

周氏 劉興泰妻

高氏 王榮妻

棟妻

楊氏 劉世通妻

李氏 閻成妻

熊氏 兵周士保妻

于氏 閑散徐江妻

于氏 魏明

妻以上據一統志年分俱未詳

李氏水師營水手張德成妻耿氏關德妻郭氏王連魁妻呂氏張玉妻姚氏徐三兒妻龔
氏沈志祥妻金氏郭永明妻何氏關永福妻呂氏王德榮妻戴氏李正最妻高氏劉穆妻李
氏鄭文妻吳氏沈永善妻他塔拉氏左榮富妻崔氏官莊壯丁沈廷弼妻姜氏謝金祿妻胡
氏楊猛妻夏氏周文才妻張氏王耀先妻彭氏周文廣妻楊氏鄧天福妻杜氏馬正良妻李
氏何義妻王氏站丁于尙秀妻龍氏王連妻王氏薛秉愷妻魯氏陳位妻施氏王蒲妻
趙氏王儒標妻李氏領催王國祿妻劉氏李肇祥妻陳氏朱糾明妻郭氏韓連妻張氏張謙
玉妻李氏徐才德妻黃氏王萬魁妻趙氏班文傑妻范氏田景山妻魯氏宋輝漢妻穆氏劉珍
妻白氏龔訓妻何氏趙起官妻張氏王雲公妻李氏朱起妻徐氏常永盛妻張氏包起
鵬妻李氏徐文樊妻雷氏王永富妻雷氏李文煥妻王氏張倫妻黃氏劉國亮妻謝氏陳剛

吉林通志卷一百十九

妻尙氏孫祥妻閻氏邸美妻吳氏胡兆寬妻張氏劉國祿妻孫氏李懷志妻孫氏王正
妻藍氏梁廷妻吳氏張照妻李氏吳俊妻貢氏鮑和妻白氏王永華妻李氏臺丁
程煥妻王氏李忠顯妻常氏趙文奎妻温氏郭發德妻翟氏强俊妻姜氏趙佩達妻陳氏
牛元才妻朱氏領催謝廷魁妻王氏楊琨妻劉氏楊成亮妻馬氏趙薰妻趙氏趙文盛妻楊
氏張義妻苗氏黃高妻宋氏郭發保妻劉氏石柱妻李氏李朝元妻閻氏張世明妻霍
氏范同功妻孫氏王恆住妻張氏李國璧妻閻氏焦永寬妻李氏劉國太妻劉氏張倫妻以上
據一統志年分旗分俱未詳

道光元

尼瑪察氏塔林保妻扎拉拉氏富爾敦妻傅察氏穆克德恩妻李氏烏爾胡山妻馬
爾奇氏穆克新妻薩克達氏和德保妻烏扎拉氏清山妻胡奇哩氏瑪錦太妻宮
察氏奇林保妻他塔拉氏和伸太妻周氏宋輝儉妻劉氏馬彥太妻石氏焦永喜妻莫氏

年旌

趙廷有妻呂氏水師營魏貞妻馬氏官莊壯丁馬用明妻滿氏站丁徐田順妻藍氏李玉堂妻王氏臺丁劉永才妻劉氏陳順妻祖氏趙永剛妻李氏范遵妻葉氏楊陞妻楊氏果順妻李氏張儒裴妻戴氏張懷妻

道光二年旌

扎拉拉氏巴哥妻趙氏倭興額妻葛吉勒氏富明額妻和勒木奇氏烏楞德妻吉氏色勒保妻傅察氏郭楚霍訥妻烏扎拉氏瓜音保妻傅察氏阿淩阿妻趙氏富勒洪阿妻蘇穆嚕氏富明阿妻烏扎拉氏常西保妻闊扎氏賡尼音佈妻傅察氏德興額妻扎庫塔氏額楚精額妻西穆哩氏哲伸太妻尼瑪察氏倭興額妻蘇穆嚕氏德楞額妻尼瑪察氏阿爾松阿妻苗氏周石俊妻王氏李福祿妻趙氏徐文明妻李氏李山妻盧氏董喜岳妻周氏張發妻楊氏張景夢妻尚氏站丁李志惠妻張氏黃超臣妻劉氏龍田才妻李氏楊守太妻田氏臺丁楊成玉妻

道光十年十一年旗道光

烏扎拉氏哈林保妻莫勒德哩氏勝觀保妻薩克達氏青壽妻趙氏阿青阿妻李
氏明德妻蘇穆魯氏和綳額妻王氏杜貞妻王氏徐翰妻陳氏霍俊贊妻曹氏高國
永妻蘇氏高俊溥妻賈氏水師營張德妻吳氏吳藍妻鍾氏興德妻李氏宮寶妻托闊
羅氏巴吉爾妻關氏軫泰妻關氏戴敏妻莫勒德哩氏和明額妻潘氏德山妻關
氏依精額妻烏扎拉氏富敏妻何舍勒氏圖明阿妻和尹氏富爾當尼妻甯古塔
氏雅欽保妻關氏永福妻郭氏高國志妻劉氏左存成妻李佳氏那明阿妻朱氏臺丁周元
凌妻王氏站丁劉玉成妻羅氏王和妻王氏王楷妻吳氏王永新妻宋氏高天存妻張氏
薛世安妻劉氏康福妻
扎拉拉氏烏爾清額妻朱氏六十七妻李氏蘇隆額妻吳扎拉氏隆德妻瓜勒佳
氏六十七妻扎拉拉氏圖薩木保妻楊氏哲庫納妻焦氏關振妻扎拉哩氏五十八妻

十二十四十五年旌

于氏七十八妻富察氏托精阿妻馬氏劉喜化妻古吉哩氏景貴妻關氏索依穆爾妻
張氏烏爾恭阿妻趙氏雙德妻吳蘇氏富音保妻葛吉勒氏豐紳保妻介氏萬成妻
托闊羅氏淩官保妻趙氏巴哈布妻劉氏喜勒保妻佟佳氏那爾胡山妻瓜勒佳氏
西拉布妻盧氏欽依保妻王氏巴蘭泰妻瓜勒佳氏淩關保妻張氏徐景順妻景氏王佐妻
姚氏田兆清妻王氏雙喜妻郭氏王發妻徐氏站丁朱景山妻宋氏王志公妻朱氏王金
忠妻徐氏姜維茂妻楊氏吳俊妻雷氏王欽妻王氏王成維妻解氏祖文舉妻徐氏楊太
妻王氏尚俊妻曹氏王耀德妻張氏宮守志妻熊氏平兆洪妻劉氏孫明妻于氏李崇
隆妻孫氏石義妻金氏臺丁牛業妻王氏王玉妻劉氏李讓妻楊氏田兆順妻卞氏
張文舉妻姚氏田景太妻劉氏馬恭妻沈氏范永恭妻

道

瓜勒佳氏扎克桑阿妻吳蘇氏愛清阿妻何圖哩氏成德妻顧氏新德妻劉氏

光十七十八年旌　道

侯起武妻苗氏楊花山妻吳氏李永亮妻卞氏趙連俊妻羅氏石林妻王氏徐平妻劉氏

徐天寶妻韓氏水師營趙國成妻閻扎氏永清妻王氏托明阿妻王氏喜忠妻瓜勒佳

氏依勒通阿妻瓜勒佳氏那音保妻趙氏西蘭泰妻瓜勒佳氏托克通阿妻瓜勒佳

氏忠福妻李氏徐永清妻董氏左世亮妻王氏李祥妻張氏李玉恆妻劉氏張銀妻傅

察氏全保妻瓜勒佳氏達松阿妻瓜勒佳氏恆額妻烏蘇氏喜東阿妻傅察氏

和柱妻莫勒庫勒氏丁柱妻庫雅拉氏隆東妻李氏榮慶順妻王氏水師營殷俊妻

王氏站丁王石廣妻王氏吳朝珠妻劉氏宮壽妻徐氏高文東妻鄭氏田廣茂妻于氏劉富

志妻楊氏臺丁李發妻陳氏趙仁妻李氏强義貴妻李氏張永富妻張氏周雲章妻龐氏

周財妻王氏何太增妻

瓜勒佳氏三奇喀妻烏扎拉氏吉琳保妻趙氏富明德妻瓜勒佳氏阿爾蘇拉妻孫

光二十六至三十年旌

氏焦懷俊妻沙氏妻王俊牛氏陳德春妻他他拉氏烏佟額妻何色勒氏倭新保妻甯
古塔氏富克精阿妻瓜勒佳氏忠山妻錢氏果明妻烏蘇氏台平阿妻傅察氏
六十五妻李氏永壽妻台吉勒氏淩德妻李氏劉永獻妻張氏沙陵阿妻楊氏周增
李氏四達色妻石氏富慶阿妻蘇木嚕氏倭克精額妻瓜勒佳氏清順妻尼瑪那
齊氏扎隆阿妻薩克達氏永福妻傅察氏成山妻佟佳氏色克吞保妻瓜勒佳
氏六十九妻甯氏明杜明妻闊托氏富珠隆阿妻吳扎拉氏隆成妻富察氏倭興額妻
那拉氏永慶妻瓜勒佳氏蘇成妻趙氏滿壽妻傅察氏五十九妻龍氏張英
沙氏張文斐妻韓氏水師營李成惠妻魏氏黃榮先妻趙氏敏永和妻張氏關七妻孫氏
站丁徐田廣妻恭氏李志才妻張氏范俊忠妻周氏王亭珠妻徐氏黃永順妻徐氏吳德富妻張
氏白永德妻周氏李岳妻王氏苗雲寬妻吳氏王純妻王氏臺丁郭俊妻陳氏郭邦妻

焦氏吳成發妻　張氏王亮妻　劉氏趙林妻　王氏楊仁妻　黃氏孫文豐妻　張氏楊陞妻
熊氏趙常妻

咸豐元年旌

關氏安福妻　傅察氏博崇武妻　那依莫氏博依青阿妻　温氏楊春妻　瓜勒佳氏富倫保妻　烏扎拉氏明東妻　闊扎氏豐升額妻　温圖哩氏特松額妻　張氏海保妻　王氏田景齊妻　韓氏明順妻　傅察氏富通阿妻　扎嚕特氏拉伯勒妻　瓜勒佳氏瑪勒洪阿妻　譚氏和綳額妻　烏扎拉氏吉明妻　趙氏秋德妻　伊拉哩氏富明太妻　瓜勒佳氏音德布妻　何哲勒氏拴住妻　瓜勒佳氏德順妻　傅察氏富常妻　程氏站丁孫銀妻　何氏李兆純妻　于氏朱景臣妻　張氏任德明妻　朱氏闊維甯妻　楊氏吳杰妻　畢氏王海忠妻　朱氏劉振東妻　劉氏楊金耀妻

咸

趙氏滿福妻　王氏富保妻　傅察氏富祿保妻　吳扎拉氏恩特和佈妻　瓜勒佳氏

出殿門主客者揖賀曰大使耳若用藥遲且拆烈缺
落甚則全耳皆墮而無血扣其玉合中藥爲何物乃
不肯言但云此藥市中亦有之價甚貴方七直錢數
千某輩早朝遇極寒即塗少許吏卒輩則別有藥以
狐溺調塗之亦效老學庵筆記七

豐二年旌

妻楊福趙氏色克通額妻王氏劉志春妻瓜勒佳氏烏崇額妻何舍勒氏富克精阿妻
蘇氏德保妻郭洛羅氏貴林妻霍索羅氏哈普青阿妻趙氏慶安妻瓜勒佳
氏霍隆阿妻黃氏明壽妻徐氏富永阿妻甯古塔氏依克精阿妻扎期胡哩氏額勒
精錦額妻田氏站丁劉柱妻田氏王志發妻徐氏蘭恆讓妻王氏蘭恆德妻張氏臺丁楊和山妻
王氏王永年妻白氏張成富妻方氏王子量妻

咸豐三年四

布爾嘎氏明順妻莫爾德勒氏明林妻扎庫塔氏葉普肯妻瓜勒佳氏淩福
妻王氏孟福妻瓜勒佳氏額淩額妻吳扎拉氏常亮妻鈕祜祿氏常柱妻楊
氏蘇青阿妻傅察氏富祿妻庫雅拉氏安明妻西特何哩氏依伯德妻西特哩
氏珠隆阿妻趙氏郭興阿妻努業勒氏斐淩阿妻格依克勒氏克蒙額妻他他拉氏
薩炳阿妻傅察氏富常保妻瓜勒佳氏諾爾托妻倪塔拉氏德寬妻戴佳氏常海妻

年旌	同治十年
瓜勒佳氏滿壽妻 王氏業布鏗額妻 甯氏奇車布妻 吳扎拉氏來福妻 夏氏袁郭東妻 瓜勒佳氏阿林保妻 朱氏姜元發妻 趙氏訥陞額妻 劉氏吉木保妻 楊氏八十四妻 趙氏德柱妻 舒木嚕氏來海妻 西哈哩氏來住妻 何色哩氏吳德妻 王佳氏祥柱妻 趙氏金格妻 劉氏水師營姚有振妻 宋氏站丁劉儉妻 佟氏萬保振妻 黃氏黃殿于妻 甯氏王凱東妻 任氏畢俊明妻 張氏馬金富妻 吳氏王有妻 劉氏吳起庫妻 王氏張永富妻 于氏王德海妻 張氏盧顏妻 以上據冊檔，旗分俱未詳	扎庫塔氏葉普肯妻 范佳氏楞額妻 胡佳氏祥德妻 孫佳氏達沖阿妻 杭阿塔氏富全妻 烏扎拉氏豐玉妻 朱佳氏常柱妻 扎庫塔氏富英阿妻 徐佳氏烏楞妻 扎庫塔氏鳳安妻 烏扎拉氏雙福妻 尼瑪察氏玉福妻 瓜勒佳氏勝楨妻 傅察氏德克吉佈妻 和葉勒氏勝林妻 和葉勒氏金陞妻 庫雅拉氏富青

旌

阿妻瓜勒佳氏全泰妻尼克勒氏高亮妻瓜勒佳氏托爾洪阿妻趙佳氏幹春妻烏扎拉氏恩特和佈妻扎克塔氏舒精阿妻伊爾根覺羅氏九口妻洪烏奇氏蘇隆阿妻伊爾根覺羅氏富順妻甯古塔氏哈普阿青烏扎拉氏保升妻阿蘇圖氏孟福妻烏扎拉氏薩炳阿妻佟延氏永妻和左佳氏依鏗阿妻佈延吉氏八十三妻瓜勒佳氏楊福妻莽訥特氏常青妻額穆格訥特氏九泰妻伊爾根覺羅氏色克通額妻瓜勒佳氏永陞妻蘇穆嚕氏富全保妻周氏徐俊從妻瓜勒佳氏楊德妻張氏劉倉妻劉氏張克禮妻遲氏田作石妻趙氏王勛妻王氏王鳳林妻王氏霍亮義妻石氏周泰妻李氏靳和妻裴氏于景泮妻林氏趙永升妻王氏賈通妻王氏梁文慶妻高氏安永旺妻瓜勒佳氏閻茂成妻洪氏官莊壯丁蔣富盛妻梅氏站丁何明妻李氏孫悅海妻孫氏鄭永貴妻高氏高凝妻吳氏鈕戌舟妻沙氏王連

秀妻曹氏沙永坤妻張氏鈕連舟妻段氏貢琦妻陳氏鮑純仕妻黃氏鮑純喜妻宋氏劉智
妻張氏張永福妻王氏黃玉琅妻黃氏郭有慶妻王氏黃永發妻宋氏王寶成妻朱氏王寶
昌妻呂氏臺丁李正倉妻李氏景日讚妻龐氏張祿妻趙氏范英妻裴氏張金生妻傅氏
王有妻陳氏程良貴妻孫氏劉楨妻高氏王仲茂妻蕭氏楊廷棟妻塔氏楊誥妻鄧氏
史傚宗妻田氏吳崇妻塔氏張林妻塔氏劉宗盛妻高氏吳孫妻王氏莫金保妻范氏
田有財妻張氏景保明妻

同治十二

暴佳氏吉勒通阿妻常佳氏羅起妻瓜勒佳氏富平妻傅察氏永壽妻扎拉
哩氏喜林妻瓜勒佳氏奎升妻佈雅拉氏雙全妻烏雅拉氏萬德妻和色
勒氏鳳林妻塔庫洛氏全升妻依拉哩氏成全妻劉氏永和妻屈氏德山妻
王氏徐俊妻李氏張秉禮妻劉氏宋芳妻張氏鄧文妻張氏德祿妻劉氏尚有和妻

十三年旌

光

徐氏張起學妻田氏翟有奎妻劉氏胡永寬妻張氏劉永恆妻孫氏張文亮妻周氏爾登保妻林氏托克通阿妻扎庫塔氏富成妻暴佳氏永春妻倭色氏春明妻瓜勒佳氏同亮妻烏色氏穆淩阿妻瓜勒佳氏蘇明阿妻瓜勒佳氏依成額妻尼瑪奇氏哈普青阿妻何圖哩氏賽淩阿妻杜氏羅美妻程氏德奎妻李氏水師營殷鐸妻李氏殷長福妻劉氏劉培發妻趙氏張仁妻周氏李永妻魏氏詹永寬妻李氏沈世純妻周氏何林妻傅氏謝德章妻徐氏站丁寶孟妻賈氏高國占妻齊氏張金財妻田氏范玉珠妻吳金榮妻姓氏未詳姜氏劉萬妻王氏謝兆福妻姚氏李珍妻李氏姚永明妻雷氏魏奎妻于氏姚永利妻吳氏于坦妻宋氏王保成妻吳氏龍永妻楊氏郝連保妻李氏吳德山妻彭氏楊祥妻扎克圖氏平安妻伊爾根覺羅氏富山妻奇克騰氏增福妻瓜勒佳氏

吉林通志卷一百十九

緒元二三年旌

富成阿妻瓜勒佳氏常有妻孫氏田文成妻盧氏高文楨妻徐氏張珍妻周氏高文漢妻
王氏黃貴妻張氏王成章妻胡佳氏常春妻托闊羅氏永林妻楊佳氏有昌妻
陳佳氏烏凌保妻傅氏和珍妻趙氏曹均洪妻徐氏王珍妻白氏永全妻何氏郭萬
儒妻萬氏李元妻尼瑪察氏富祿妻托闊羅氏增祿妻葉庫勒氏保德妻薩
克達氏依林泰妻烏雅拉氏恆儉妻傅察氏巴凌阿妻伊爾根覺羅氏景崑妻
傅察氏八十一妻瓜勒佳氏勝保妻傅察氏喜保妻伊爾根覺羅氏德克登額
妻徐佳氏和亮妻韓佳氏惠林妻尼瑪察氏恩特恆額妻巴拉圖氏常慶妻
韓佳氏德克錫妻扎庫塔氏滿昌妻石氏水師營張富妻孫氏戴綬章妻孫氏董學漢妻
劉氏官莊壯丁王漢英妻黃氏站丁李發妻宋氏周恩妻白氏李德清妻石氏臺丁朱永安妻
趙氏石璧妻范氏何太江妻霍氏石永顯妻楊氏趙殿妻崔氏楊盛林妻王氏楊萬保妻

傅氏張快妻　馬氏陳萬富妻　趙氏齊貴妻　王氏趙起寬妻　王氏陳英妻　劉氏陳永妻
楊氏王樹全妻　王氏趙柏妻　李氏范太林妻　徐氏景鳳鳴妻

光緒四五六七年旌

高氏萬國珍妻　宋氏劉鳳祥妻　劉氏葉啟耀妻　李氏劉永珠妻　何氏江源妻　趙氏劉英妻
瓜勒佳氏依金保妻　葛吉勒氏富連妻　瓜勒佳氏全喜妻　何業哩氏連福妻
林佳氏永奎妻　阿斯圖氏保慶妻　扎庫塔氏春永妻　馬氏明陞妻　徐氏陳萬
寶妻　蔡氏馮占鼇妻　呢克哩氏和成額妻　塔他拉氏永喜妻　蘇魯氏恩成額妻　薩克
達氏貴全妻　齊穆特氏烏雲太妻　李佳氏明貴妻　葛吉勒氏德淩妻　鈕祜祿
氏常海妻　蘇佳氏來柱妻　韓氏常祿妻　閻氏依隆阿妻　瓜勒佳氏依克坦佈妻　呢
瑪察氏春祿妻　王氏常陞妻　薩克達氏德淩妻　王氏田敷善妻　劉氏田海餘妻　李
氏西勒明阿妻　閻氏春保妻　曹氏索柱妻　孟佳氏春福妻　托闊羅氏德順妻　尼

瑪察氏石成阿妻庫雅拉氏蘇福妻吳氏尚有才妻王氏張成齡妻張氏景林妻張
氏水師營張德明妻陳氏站丁宋文魁妻劉氏李生春妻洪氏張成吉妻范氏鄭永富妻陳氏
王有文妻宋氏田恆妻孫氏臺丁白信妻翟氏任德春妻錢氏何萬福妻張氏甘元成妻史
氏何太芝妻楊氏張世順妻姚氏楊奉林妻

光緒八九十年

吳氏富平阿妻趙氏關福妻宋氏蘇章妻張氏藍桂惠妻趙氏許發妻管氏玉喜妻
倪格勒氏全福妻付查拉氏德壽妻特魯勒氏鳳山妻從尼勒氏金泰妻
瓜勒佳氏金山妻額車奴特氏六十九妻莽奴特氏雙山妻吳察氏台斐音妻
李氏李永勤妻龍氏王發妻閻氏葉廣德妻趙氏王金凱妻許氏何清妻孫氏徐有妻
齊氏錦爾妻關氏曹俊禮妻趙氏和常妻嚴氏全陞妻韓氏富明妻呢瑪察氏
和升額妻白氏薩凌阿妻叢氏保昌妻張氏永常妻楊氏站丁施廣忠妻張氏王珍龍妻

旌　光緒十一十二十四

氏金萬成妻彭氏李英妻張氏李祿妻劉氏秦富妻張氏臺丁朱萬清妻杜氏范永恩妻
張氏楊池妻趙氏董成章妻郭氏李福妻
特魯勒氏全祿妻杭阿他氏花哩雅遜妻瓜勒佳氏和全妻烏扎拉氏三福
妻馬氏順福妻謝氏常明妻盧氏額勒登額妻色勒佳氏德常妻呢瑪察氏
富尼雅翰妻陳氏常陞妻伊拉哩氏貴陞妻托庫哩氏雙林妻劉氏張林妻朱
氏玉山妻徐氏張同妻韓氏王俊妻劉氏牛勤妻楊氏閻肇妻瓜勒佳氏永成
妻巴彥圖氏海剛妻吳氏薩英阿妻何氏多隆武妻王氏田康功妻關氏楊喜春妻王
氏春全妻薩克達氏豐陞額妻史氏德升妻依爾根覺羅氏全陞妻瓜勒佳
氏海陞妻呢瑪察氏成林妻齊他哩氏關陞妻瓜勒佳氏蘇淩阿妻洪額哩
氏連福妻鈕祜祿氏劉柱妻依爾根覺羅氏春全妻莫勒德哩氏順福妻

年旗光緒十五十六十七

李氏水師營姚保妻王氏站丁賈萬柱妻趙氏沙明顯妻吳氏陳琯玉妻劉氏李永芳妻周氏
苗廣好妻王氏李爵妻
張氏王鴻恩妻張氏常保妻吉氏豐林妻許氏格勒章阿妻傅察氏連德妻瓜勒
佳氏忠海妻依拉哩氏永成妻瓜勒佳氏開成妻覺羅氏永奎妻吳蘇氏
保林妻蘇模氏連明妻高佳氏春山妻陳佳氏吳起妻色勒錦氏德壽妻米
佳氏海青阿妻吳氏全永妻扎庫塔氏雙有妻瓜勒佳氏春德妻唐佳氏金祥
妻關氏恩德妻叢佳氏全福妻博爾錦氏慶常妻博爾哈氏成順妻高佳
氏滿對妻趙佳氏常海妻于氏恩湊妻劉氏王清妻尚氏楊錫貴妻楊氏喜林妻
瓜勒佳氏春喜妻依拉哩氏成安妻富察氏胡成阿妻瓜勒佳氏富德妻覺
羅氏永奎妻覺羅氏色欽妻王氏德成妻吳佳氏明喜妻關佳氏依錦佈妻騰

年旗光緒十八十九年旗

額哩氏喜春妻　孫氏官莊壯丁劉萬益妻　王氏站丁孔繼化妻　吳氏董信妻　姜氏王克勤妻

吳氏朱德政妻　萬氏王玉財妻

趙氏王振陞妻　尹氏依陞阿妻　徐氏柏順妻　常氏魁陞妻　程氏全福妻　尼瑪察氏來喜妻　瓜勒佳氏德壽妻　藍氏色珍普妻　李氏貴興妻　何氏薩凌阿妻　姜氏水師營潘世倈妻　劉氏站丁張廷富妻　周氏沙明強妻　畢氏王有堂妻　張氏劉富全妻　鄭氏臺丁郭柏林妻

以上據册檔旗分俱未詳

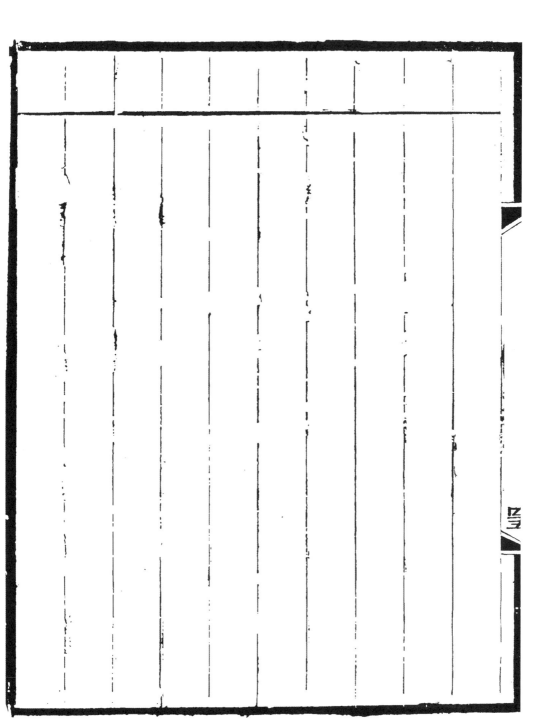

吉林通志卷一百二十

金石志

得勝陀碑

高七尺餘寬三尺二寸正面三十行最長一行七十八字正書碑陰十二行女眞字額題大金得勝陀頌六字篆書

在伯都訥廳北

大金得勝陀頌

奉政大夫充翰林修撰同知制誥兼太常博士驍騎尉賜緋魚袋臣趙可奉敕譔文

儒林郎咸平府清安縣令囗騎尉賜緋魚袋臣孫侯奉敕書丹

承直郎應奉翰林文字同知制誥兼充國史院編修官雲騎尉賜緋魚袋臣党懷英奉敕篆額

得勝陀太祖武元皇帝誓師之地也臣謹按實録及睿德神功碑太祖率軍渡淶流水命諸路軍畢會太祖先據高阜國相撒改與衆仰望聖質如喬松之高所乘赭白馬亦如岡阜之大太祖顧視撒改等人馬亦悉異常太祖曰此殆吉祥天地協吾軍勝敵之驗也諸君觀此正當勠力同心若大事克成復會於此當酹而名之後以是名□其兆云時又以禳禬之法行於軍中諸軍介而序立戰士光浮萬里之程勝敵

刻日其兆復見焉大定甲辰歲鸞輅東廵駐蹕上都
思武元締搆之難盡孝孫光昭之道始也命新神御
以嚴穆穆之容既又俾刋貞石以贊暉暉之業而孝
思不忘念所以張闊休而揚偉績者益有加而無已
也明年夏四月詔以得勝陀事訪於相府謂宜如何
相府訂於禮官禮官以爲昔唐元宗幸太原嘗有起
義室頌過上黨有舊宮述聖頌今若倣此刻頌建宇
以彰聖迹於義爲允相府以聞制曰可臣可方以文
字待罪禁林然則頌功德美形容臣之職也敢再拜
稽首而獻文曰

遼季失道腥聞于天乃眷西顧實生武元皇矣我祖
受天之祜恭行天罰布昭聖武有卷者阿望之坡陀
爰整其旅各稱爾戈諸道之兵亦集其下大巡六師
告以福禍明明之令如霆如雷桓桓之士如熊如羆
先是太祖首登高阜靈貺自天事駭觀覩人仰聖質
凜如喬松其所乘馬罔阜穹崇帝覘左右人馬亦異
曰此美徵勝敵之瑞諸君勉之往無不利師勝而還
當名此地神道設教易經著辭厭勝之法自古有之
我軍如雲戈甲相屬神火燄燄光浮萬口天有顯道
厥類惟彰國家將興必有禎祥周武戎衣火流王屋

漢高奮劍素靈夜哭受天之符孰云非眞□彼宗元
遂誕□□得勝之祥如日杲杲至今遺老疇弗樂道
聖金天子武元神孫化被朔南德侔羲軒眷言舊邦
六飛戾止六飛戾止江山□是念我烈祖開創之勤
風櫛雨沐用集大勳聖容旣新聖功旣□永克厥志
以爲未也惟此得勝我祖所名詔以其事載諸頌聲
文王有聲適駿有聲潤色祖業惟時聖明帝王之符
千載孝治配姬與劉詔於萬世
大定二十五年七月二十八日立石
碑陰十二行皆女眞字不可辨
識恐轉寫失眞文不具錄

按碑在伯都訥廳北地名石碑嶺即額特赫格們
金太祖誓師之地也考金史五行志太祖軍寧江
駐高阜薩哈仰見太祖體如喬松所乘馬如岡阜
之大太祖亦視薩哈人馬異常薩哈因白所見太
祖喜曰此吉兆也即舉酒酹之曰異日成功當識
此地師次唐古特旺結之地諸軍介而立有光起
於人足及戈矛上明日至札札水光復如初即碑
前半所敘事也又按太祖本紀二年九月太祖進
軍寧江州次寥晦城諸路兵皆會於拉林水師次
唐古特旺結之地諸軍禳射介而立有光如烈火

起於人足及戈矛之上人以爲兵祥明日次札札
水光見如初卽碑所敘禨禬事也又五行志收國
元年八月丁未上候遼軍還至舒吉濼有光復見
於矛端卽碑後半所敘事也撰文之趙可篆額之
党懷英史皆有傳按史可字獻之高平人貞元二
年進士仕至翰林直學士一時詔誥多出其手懷
英字世傑馮翊人大定十年中進士第累除國史
院編修官應奉翰林文字翰林待制能屬文工篆
籀當時稱爲第一今以其繫銜考之百官志文官
階正六品上曰奉政大夫正七品上曰承直郎其

勳級則正六曰驍騎尉正七曰雲騎尉其官則翰
林修撰從六品應奉翰林文字從七品而階勳皆
加一等似皆以加級入銜其所兼官則太常博士
正七品國史院編修官正八品則志所謂上可兼
下下不得僭上者也惟書丹之孫侯無傳其繫銜
騎上一字已泐吉林外紀作武字考百官志縣令
從七品又凡勳級從七品曰武騎尉官勳皆合其
爲武字無疑夫以紀功宏文命一縣令書之則其
見重當時蓋可想見雖文籍無徵得此碑以存名
姓亦其幸也碑陰十二行字體甚異考完顏希尹

傳太祖命撰本國字天輔三年頒行後熙宗亦製女眞字希尹所撰謂之大字熙宗所撰謂之小字檢金石萃編載金皇弟都統郎君行記如翌篤翁樹培古泉彙考謂金都統郎君行記每字以兩三字合成有如琴譜等字蓋女眞大字也此碑與萃編所載國書碑同蓋女眞小字也恐傳寫失眞今不具錄

金完顏婁室碑

碑舊在伊通州北伊通邊門南地名石碑泡今已佚尺寸無考

大金故開府儀同三司左副元帥金源郡壯義王完顏公神道碑

翰林直學士大中大夫知制誥兼行祕書少監虞
王府文學輕車都尉太原郡開國伯食邑七百戸
賜紫金魚袋臣王彦潛奉敕撰
奉上大夫大名府路兵馬都總管判官飛騎尉賜
緋魚袋臣任詢書
明威將軍東上閤門使兼行太廟署令上騎都尉
平原縣開國子食邑五百戸臣左光慶篆額
王諱婁室字斡里衍與國同姓蓋其先曰合篤者居
阿注滸水之源爲完顔部人祖治魯直贈金吾衛上
將軍以財雄鄉里枝屬浸蕃乃擇廣土徙雅達瀨水

拏鄰麻吉等七水之人皆附麗焉父白答贈金紫光
祿大夫事始祖爲七水部長時蠢謀寇亂者搆爲匈
惡金紫公與同郡人阿庫德協一心力拒之以附世
祖王簡重剛健矯捷過人擐甲蒙胄手之所及無不
超越而器識深遠幼不好弄卓然有成人風爲鄉閭
所愛年十有四金紫公知其材曰兒勝兵乃獻於穆
宗一與語器之曰是子他日可以寄軍旅重任爾後
阿拍留可蒲余罕等相繼逆命王從之屢立戰功受
賞遼人蕭海哩叛入於係遼籍之女直部穆宗使王
覘知所在勒兵討捕王登先鏖擊蒙賞以甲胄具裝

戰馬口麗出兵侵曷曷瀨甸進築九城宗子贈原王付實款帥師討之王使攻其城久而不克王言之於帥曰宜遏彼援絶其餉道可不攻自下從之降其城五從魏王斡帶討訛口渾叛帥攻其城王登自東南隅斧其樓柱流矢中手貫其肘攻猶不已士衆從之以登城遂成功居其最年二十一代父爲七水部長太祖方圖義舉間召王與同部人銀朮可問曰遼人驕矜且其見侵無厭又轄他部人陶口東弗吾界吾欲先翦其外邑以張吾軍然後進伐何如王進曰遼人內外下欲其時太祖攻取甯江州王登先以戰口口

元年擢授猛安奉命總督銀朮可蒙□□吉等往平
係遼籍女直諸部既降一部長而各部長告急於遼
援兵三千且至王率其已降捲旆徑進掩其不備大
破之追殺千餘人明日破奚部又敗援兵三千斬其
將俘獲監斬銀牌使者諸部以次平之宗室斡古魯
略城咸州以其敵重使會王合兵禦之乃往敗其戍
兵三千斬其將於境遂會斡古魯既而聞敵兵且至
王留四謀克精銳各守其一門與斡古魯濟水□□
翼王居左擊敗其所衝追殺略盡斡古魯引軍卻退
□城□與所留諸謀克整陳而立王返兵擣敵背大

敗之咸州既下因徇地黃龍府太祖自將進達魯古城將與遼兵遇遣使馳召王以軍赴之太祖見其馬力疲極益以三百匹命居右翼明日兵交以衆寡不侔爲敵所圍者九王所向披靡輒潰圍而出竟大破之太祖將進取黃龍召諸將議方略王進曰黃龍遼之銀府所以圉邊者拒守甚堅若不行過其巡屬使絕外援則未易可拔請試效之太祖乃令王以軍行自遼水以北威州以西暨諸奚部城邑悉討平之進壁府城東南扼敵軍出入且巡其村堡凡有以應援者使不得交通度城中力屈可攻使馳奏太祖遂親

御諸軍以至圍之王攻東南隅選壯秉炬倚梯望其
樓櫓乘風縱火王乃毁民家堞趨士力戰至火然鞾
傷足而不知諸軍繼進敵遁不守太祖嘉其功賞御
馬一奴婢三百仍賜誓券恕死罪太祖之敗遼破敵
兵九俱王挑戰有功天輔下有缺及斡魯古阿思□等
平乾顯路攻克顯州遂與遼大帥耶律淯□□戰於
蒺藜山大破之遂下川成徽三州徙其人民於咸州
黃龍之地於是太祖命王爲黃龍路統牧皇弟遼王
□□統諸軍以平諸京王爲先鋒至□山敗其節度
使雅里斯之兵三千偕完顏□□耶律余篤等帥帥

徇地奚部所向輒克始與余篤以騎二千襲遼主於
鴛鴦濼遼主遁去追至白水弗及獲其内帑輜重大
軍圍其西京城堅拒守王與皇弟闍母攻東面製攻
具以三木騎接爲洞垣右長廊使士卒行其下以塞
隍塹又作樓車輦之以革施四輪其上出埤堞以鬭
敵諸軍乘之而遂克城與闍母徇地天德雲内東勝
甯邊四州及其旁諸部悉降之叛人阿克束於是始
獲都統斡魯以諸軍次白水王營中夜有光如炬起
矛口王戒嚴曰將有重敵明日聞夏人出兵三萬援
遼過雲内矣斡魯以諸軍會天德遼主前後遣騎數

百迎敵竟爲所掩惟數騎得還時方暑而斡魯與諸
帥議方略皆曰彼衆我寡宜請濟師於朝比其至姑
擇草木以休養士馬王獨曰敵據我前儻吾軍若縱
之其勢益張我雖不戰亦必來爭利若刼取新降人
民則沮吾士氣所請濟師豈能遽集耶願得精騎一
千與辭不失拔離速二將以偕見可則戰難則固壘
以俟合軍宗室付古乃訶之曰爾安敢輕舉我軍旣
寡馬力疲甚將何交戰王曰制敵如救烈火一後其
時反爲所乘則益難爲功宜必迎戰付古乃拔佩刀
勃然曰諸帥皆不欲爾敢咈衆耶王厲聲曰我獨欲

戰者非爲身計蓋國家大事耳阿昆乃欲屈忠勤之志而阻諸軍之氣平亦振刀相向諸帥大驚起扞之斡魯□□以二將與王偕行將至耶俞水登高以望夏軍隊伍不整方濟水遣使馳報斡魯曰今觀敵衆而無威易與耳將挑戰僞遁以致之請速以師進王乃分所將爲二旅更出□□進退以誘之□□乃再整行列奮鋭氣馳擊敵兵遂卻退我大軍亦至合擊之敵乃大潰追至耶俞水殺數千人敵赴間結陣俄□□於河之東降四部族迭剌部既降復叛討平之太祖平燕皇子宗望由間道東下至昌平以取糧餉

下有缺太祖聞遼主越在陰山命斡魯暨皇子宗望引兵追襲以王爲先鋒道出龍門擒其都統耶律大石至白水又擒□□又破西山巨盜趙公直出師於朔漠之境生擒公直天會初遼主播越應朔間斡魯遣將分兵三路追襲□□疾馳六十里及之於風山遼主以其騎陳而立王馳之其衆潰遼主以六十餘騎犇王戒士卒下有缺殉國勠力於石馬遂獲遼君厥功茂焉自今或罹罪□□□□罰餘釋勿論藏之册府有如□□王領先鋒軍取馬邑破敵於雁門圍代州克之執其將□嗣本進降忻州又降戍將耿守思等

口口宋之援兵日進銀朮可獨不能辦宗翰遣王以畢與之協力遇宋將樊口之眾十萬於口城破之又敗下有缺反攣奮擊大破之遂獲九孛堇軍趨汾州掩平遙介休靈石攻拔汾州招石州及諸縣邑降之宗翰以大軍進口口口津復遣子活女與諸將繼之突葛速等破敵降河陽而宋人既撤河橋活女於是自津泝流行三十里見河水口口浮深涉淺而馳於中州俄已登岸臨岸敵望之以爲神不擊自遁諸軍畢濟遂取洛京及鄭州合大軍圍汴與孛堇下有缺冒圍出戰王見其鋒鋭不以逆擊使活女率精兵橫截之

敵衆亂王乃督諸軍進戰手中流矢整轡挺槍馳擊
自若敵大敗奔城而城中□□□爲諸軍所覆既克
宋帥府俾王統諸軍西赴陝津討河東未附郡縣至
澠池大破宋帥范致虛勤王之師三十萬僵尸盈溝
致虛僅以數十騎遁去遂克陝府濟河□□又破敵
二萬降解州攻河中城堅拒守王使其弟倚梯間關
登陴俄援甲士二人上與敵格鬭諸軍繼進克之蒲
人西走先出者焚橋而去餘溺於河使並流拯之活
其卒五百人於是置蒲解二守以進士攝諸縣長吏
招撫散亡以活女領二猛安軍留鎮中京又降絳慈

隰石四州而還元帥府將平陝西以王賞請之使詣
闕圖上方略還帥諸路軍合萬人以行出慈州乘冰
渡河而南復與范致虛軍十六萬遇於朝邑大破之
遂降同華進破重敵於潼關徇地京兆敗敵數萬於
長樂坡遂克京兆擒其經制使傅亮轉降鳳翔隴州
鳳翔尋叛進軍城下破其援兵十餘萬攻拔之還敗
敵三萬於武功日中復敗三萬於近地又破十五萬
於渭南北趣鄜延徇下諸郡招降折可求收麟府豐
三州及諸城堡克晉甯軍殺其守徐徽言京西陝府
叛復討平之又破重敵於渭水終南略地西北宋將

吳玠率軍二十萬來拒遇於武功戰十有四合而敵氣始衰遂大破之陝府叉叛往討之旣成圍使以薪芻絕池築甬列衝棚臨城攻之池水忽涸王戒將士曰敵泄池水必穴地欲焚甬也嚴備之旣而煙出於塹遂撤攻具而退須臾火發甬爲所焚敵復引水自固王使以沙囊塞塹於是梯衝並進數日攻克擒其將李口口及援兵之將趙士伯戮之鄜延復畔於是王已感末疾睿宗皇帝時爲元帥將親平陝右使王先討定鄜延而宋將張浚率步騎十八萬壁富平睿宗皇帝會諸軍迎敵王至見敵遊兵千餘騎踰溝來

覘乃率百餘騎邀擊而設伏於阨以輕騎誘之出將前伏發返䜌夾擊之斬馘略盡執生口以獻遂領左翼及敵兵遇於兩溝之間自日中戰至於昏六合而後敗之始合右翼引卻王援之乃復振明日睿宗皇帝賞賚有功將士顧謂王曰力疾鏖戰以殉國家遂破大敵雖古名將何以加也悉以帝筵所御金銀酒具及細堅甲冑副以馬鎧戰馬七匹賞之由是疾增劇以天會八年十二月九日卒於涇州回口之西原年五十有三軍中哭之如親喪焉訃聞太宗震悼詔遣親衛馳驛護其喪歸葬於濟州之東奧吉里復遣

皇子鶻沙虎宗子銀朮可迓之車駕還自中京道出終南親至祭奠臨哭久之贈賻良厚天會十四年追贈使相官制行改贈開府儀同三司又追封莘王正隆二年改封金源郡配曰温都氏追封王夫人子男七人曰活女官至儀同三司京兆尹本路兵馬都總管曰斡魯光祿大夫迭剌部節度使曰謀衍崇進留守東京曰什古迺金吾衛上將軍留守北京孫男仕者曰解魯鎮國上將軍世襲猛安曰度剌世襲謀克曰窩古符寶祗候曰撒葛視太子內直郎曰辭烈宿衛士王鷙勇果毅濟以明略始自伐遼迄於克宋卒

身先行陳前數千百里未嘗不捷獨追獲遼主至於
取汴籍馬以涉大河威名震懾南北自國初迄今言
將帥臣無能出其右者大定十六年天子思其功烈
詔圖仁太祖原廟明年大祫配饗太宗廟庭謚曰壯
義又敕詞臣撰次之建碑墓隧臣竊惟王之考金紫
公在世祖戡難定亂時爲不二心之臣書勳史册王
以忠貞才武輔佐太祖太宗征伐功無與二稱頌至
今傳所謂世濟者歟銘曰
金興受命實始翦遼武元載旆疇若戎昭王惟世臣
熇熇忠蓋視敵無前身先行陳武元致廟順天應人

天討有罪生此虎臣靡堅不摧靡强不踣薄伐雲朔
至於漠北匪學孫吳出奇縱橫以寡覆衆殄殲夏兵
掩追亡逋屢執醜虜反轡凨山卒獲遼主迨及伐宋
經營太原所在寇敵如雲之屯王鋒一臨如晛之雪
膚功之奏奚啻三捷宋旣畫疆乃復渝盟王弗解甲
師弗留行宋阻洪河舟梁旣撤靡杭一葦長驅而入
先之翬洛合圍汴梁困獸搏鬭擊之而僵亦旣克汴
趣師關陝貔貅裹糧金湯失險富平之役□□□□
王身厲疾威猶靡及以死勤事雖疾亦力勁敵何有
力戰乃克寇壘旣清陝右遂平王誠有功□□□□

維昔先王□□□□□□□□□□□□肖形以圖
寫勛而□□□□□千載如生

船廠西二百里薄屯山有金完顏婁室神道碑高八尺八寸闊四尺五寸厚一尺二寸頂高三尺南面鏤蛟龍其陰殘毀其陽篆二十字作五行文曰大金開府儀同三司金源郡壯義王完顏公神道碑碑身作楷書柳邊紀略

按薄屯山今爲伊通州境碑已佚此從柳邊紀略中錄之是康熙中尚存也滿洲源流考引已不全則其佚當在乾隆時矣所敍多與史合而較史爲

詳按史本傳云代父白答爲七水部長考謝庫德
傳阿庫德白達皆雅達瀾水完顏部孛堇世祖初
年䟦黑爲變烏春盛强使人召阿庫德白達阿庫
德曰吾不知其他死生與太師共之太師謂世祖
也白達大喜曰我心正如此烏春兵來堅壁自守
可也天會十五年皆贈金紫光祿大夫與碑所云
事始祖爲七水部長與同部人謝庫德協一心力
以附世祖者合則白達卽白答傳不言者或誤以
爲二人也碑云年十四金紫公獻於穆宗考婁室
卒於天會八年年五十三逆推之當生遼道宗太

康五年已未其十四歲則大安八年壬申也是年世祖卒肅宗襲始稱元其三年爲穆宗之元年紇石烈部阿閤版阻絕五國鷹路烏古論部留可起兵於米里迷石罕城婁室立功受賞當在此時阿閤版即此阿拍語有緩急耳留可一作埒克事皆見世紀惟蒲余罕即石顯子婆諸刋其作亂在世祖時非婁室所及恐碑誤也殺蕭海里事在穆宗九年遼天祚之乾統二年也付實款征討高麗事在穆宗末及康宗二年考世紀及高麗傳穆宗末阿疏使達紀誘扇邊民穆宗石實懽撫納曷懶甸

康宗二年高麗再來伐石適歡再破之撫定邊民而還又習失傳康宗時高麗築九城於曷懶甸習失從斡賽軍習失一作習室一作實實石適歡一作碩碩歡字凡數易而其事皆同則與此付實款皆一人也又世紀及斡帶傳皆言康宗二年蘇濵水諸部不聽命使斡帶等往治其事諸部皆至惟含國部斡豁不至斡帶遂伐斡豁攻而拔之以對音求之斡豁卽此訛囗渾也殺蕭海里及阿拍留可高麗斡豁之役婁室皆有功而傳皆略之則史之闕遺者多矣年二十一爲七水部長爲遼道宗

壽隆四年戊寅太宗舉義爲天祚天慶三年癸巳
太祖即位之初年也攻取甯江州爲二年甲午明
年乙未改元收國則此元年以上缺字應爲收國
無疑考本紀太祖自將攻黄龍府趨達魯葛城婁
室銀朮可力戰大敗耶律訛里朶之師八月又親
征黄龍府九月克之碑言太祖嘉其功恕死罪殆
非鑄鐵與後賜不同故傳不言耳紀又言天輔元
年遼秦晉國王耶律捏里來伐婁室將兵二萬會
咸州路都統斡魯古擊之十二月敗之於蒺藜山
遂拔顯州則此天輔下當缺元年字其耶律湻下

當缺揑里二字據遼史天祚紀揑里湝小字也惟
碑言克顯州在戰勝之先與紀及本傳皆不合疑
當以史爲正命婁室爲黃龍統牧是二年事皇弟
遼王統諸軍平中京是五年事紀言五年十一月
以忽魯勃極烈杲爲諸軍都統是也據杲傳杲本
名斜也正隆例封遼王則遼王下缺字應爲斜也
字矣又希尹傳言遼六和尚雅里斯棄中京走希
尹與廸古乃婁室余睹襲之則完顏下缺字應爲
希尹字矣夏人援遼據傳其帥爲李良輔傳言婁
室使突撚補攧以騎二百爲候兵夏人敗之幾盡

阿土罕復以二百騎往遇伏兵獨阿土罕脱歸所
記較碑爲詳此及太祖平燕皆六年事擒耶律太
石趙公直皆七年事是年九月以後爲太宗天會
元年獲遼主賜鐵劵事在三年鐵劵之詞適當碑
泐處遂不能考其全文可惜也四年敗劉臻於壽
陽敗張灝於文水五年率師趨陝津活女則破敵
於平陸婁室破蒲解之軍遂克河中府降解絳慈
隰等州六年取陝西敗范致虚軍攻下同華等州
克京兆府攻晉甯軍七年破晉甯殺其守徐嶶言
取鄜延二州克丹州破臨眞進克延安府遂降綏

德軍及靜邊綏德等城寨下青澗降折可求紀傳
所載皆與碑文互有詳略而紀言婁室經略陝西
所下城邑叛服不常帥府會諸將議以爲兵威非
不足綏懷之道有所未盡誠得位望隆重恩威兼
濟者以往可指日而定若以右副元帥宗輔往爲
宜以聞詔曰婁室往者所向輒克今使專征陝西
淹延未定豈倦於兵而自愛耶關陝重地卿等其
勠力焉於是以宗輔總陝西征伐即睿宗也事在
八年是時婁室已有疾然猶力疾敗張浚於富平
十二月遂卒蓋在兵間四十年矣歸葬於濟州之

東奧吉里金史詳校引此東下有南字以方隅驗之有南字㫐是惟奧吉里爲地名滿洲源流考引作昂吉里昂奧聲近詳校乃以爲東南陬脱吉里二字不録則徑以爲東南隅失之遠矣傳言天會十三年贈泰甯軍節度使兼侍中加太子太師碑所謂追贈使相者也考地理志泰甯軍治兗州大定十九年更名泰定百官志節度使從三品侍中本中書省官正隆元年罷中書門下省故侍中一官不見於志太子太師爲東宫官秩正二品松漠紀聞言天眷二年詔詳定官制與熙宗紀合傳言

皇統元年贈開府儀同三司蓋官制行後始改贈
耳開府儀同三司爲文官階從一品上天眷元定
封國等第小國三十萃在二十九正隆中宗室疏
屬例降爲公大定三年例加郡王其曰金源者則
完顏以下白號二十六姓之所同也其謚傳曰莊
義碑曰壯義此當以碑爲正撰文之王彥潛無可
考任詢字君謨易州軍市人正隆二年進士第歷
益都都勾判官北京鹽使金史有傳中州集稱其
歷省掾大名總幕益都都司判官北京鹽使課殿
降泰州節廳其敘官較傳爲詳碑稱大名府路兵

馬都總管判官據百官志皇統五年定判官推官爲幕職官從六品奉直大夫爲文官階從六品上飛騎尉則其勳級也篆額之左光慶企弓孫字君錫以廕補閤門祗候遷西上閤門副使起復東上閤門副使再轉西上東上閤門使兼太廟署令碑稱明威將軍爲武散官階正五品下騎都尉則武官勳級之從五品也凡食邑郡伯七百戶縣子五百戶皆無實封自天眷定制食邑皆同散官入銜銜下撰文書碑篆額等字柳邊紀略皆不載今從金史詳校所引補之云

金完顔希尹碑

高□尺□寸寬□尺□寸正面二十七行碑陰二十四行行五十六字正書額題大金尚書左丞相金源郡貞憲王完顔公神道碑篆書在吉林府東北二百里小城子

大金故左丞相金源郡貞憲王完顔公神道碑

翰林直學士大中大夫知制誥兼行祕書少監虞王府文學輕車都尉太原郡開國伯食邑七百戶賜紫金魚袋臣王彥潛奉敕撰

奉直大夫大名府路兵馬都總管判官□騎尉賜緋魚袋臣任詢書

明威將軍東上閤門使東行太廟署令騎都尉□

□縣開國子食邑五百戶臣左光慶篆額

今天子紹休聖緒圖任今太尉左丞相濮國公守道
□爲股肱心膂非惟取其□□□蓋亦重其世功
耳上嘗因清燕顧謂丞相曰朕閱祖宗實錄見乃祖
丞相□烈深用嘉歎丞相嗣諸莫不竦然推重其世
家而歸美於上孟子曰所謂故國者非謂有喬木之
謂有世臣之謂詩曰文武受命召公維翰無曰予小
子召公是似書曰世選爾勞予不掩爾善茲予大享
于先王爾祖其從與享之豈不然哉故左丞相贈金
源郡王□□□□□□谷神自曾祖完顏某名與昭

祖同諱以其賢明昭祖與之爲友國□□稱之曰賢
某贈開府儀同三司邢國公祖統遜事□□□□
□□□□□國公父桓篤事世肅穆康四朝數有大
功見任如手足自世祖嘗曰吾有桓篤何事不成贈
開府儀同三司戴國公□□□□□□□過□□
太祖以祭禮會於移懶河部長神徒門家因與其兄
弟建伐遼之議特□與明肅皇帝秦王宗翰皆□行
與□□□□□□王以□指結納松江鐵驪兀
惹諸部鐵驪長奪离剌於是獻款曰謹奉約比其還
也師圍甯江州命王以軍夷塹因攻克之及出河店

□□□□□□克天輔五年依本國語製字以進太
祖嘉悅賜襲衣御馬詔頒行之皇弟遼王杲都統內
外諸軍攻下中京王與□□□奚部多□招□□
知遼將兵屯襲擊之將已遁去悉獲其牧圉民衆從
秦王宗翰駐兵北安□招集□□□□士□□烈者
遽來投附□□□□□□□□取之□宗翰於□□
□□□□遼兵拒鬬我前□□軍王以千軍繼至戰
敗之悉獲其甲冑輜重軍及駕鵞濼遼主已□□□
王□□□急追至白水濼相去不遠遼主遁□以輕
騎犇盡得其內帑貨寶追至乙室王所居之□不及

而還杲遣王□諸帥捷奏太祖□□西南路招討司
諸部遷向內地稱旨而還太祖以王從義征以來功
多賜之金帛天會二年遼主越在陰山宗翰統諸軍
以銳師掩襲□□□照□爲□□□追甫及之遼主
棄營而遁王等以八騎出軍前窮追日旰復及之遼
主帥百餘騎逆戰比昏王遇三□□遼主分三隊而
逸□□王以偏師又襲之於沙漠掩其不備而及之
遼主驚遁惟一二臣從□獲其八寶妃嬪公主及羣
侍從與諸部族之人爲先□經略使□□西南西北
兩路都統□□□□言□遼爲援據有天德雲內六

館之地并招納我已獲奚契丹人我方事滅遼姑置之弗取夏爲宋所侵求援於我□□□□王□□□□□□者辭意不遜王復書責攘無理索當還之人尙復遷延至宋建立□楚畫大河爲界遂盡復舊疆並還我官民田先□□□□□□□□□宋人渝盟奏下大舉問罪王與左副元帥宗翰師趨河東所至城邑闕口拒守者攻之降則撫之分道諸將破宋之諸路援兵先□□原明年將舉師不留行旣克汴諸將帥爭取珍異王獨先收宋圖籍捷奏太宗嘉其功賜鐵劵以寵異之無何宋康王構自立於淮陽我軍

□復渡河宗翰□□□諸城攻拔者或屠之師次東
平王勸宗翰曰此行止爲構耳何多殺爲自是攻下
者多掌全釋追至淮陽遣精騎踰淮□□□及揚州
構僅以輕舸渡江遁去還軍駐雲中王偕宗翰如燕
就右副元帥□議再□南伐前重九二日王往□山
閱馬道見騎者二人物色頗異詰之戰懼失次搜衣
領中得元帥都監耶律余篤反書約燕京統軍使高
六遜□元帥九日出獵因伏兵舉事王馳報二帥遂
執高六鞠之辭伏王馳驛一日而至西京窮治反者
無遠近悉捕誅之遣兵追捕余篤已□□□□□爲

達靼所殺函首以獻結連者前後凡數十百輩約同日俱發□□摘發擒捕方略神速則事未易定偕宗翰還□□□□□□□□□□□□□□□□□□□□□□□□□□□□□尚書左丞相兼侍中加開府儀同三司監軍仍舊萌古新擾邊王偕太師宗磐奉詔往征之□□□□□□□□□□□□□□□□□□奏捷辭曰太傅□□王曰若獲畜牧當留備邊用王謂是詔意遵之宗磐悉以所獲□賞征士又□不□太傅以爲非是宗磐□□□以王爲矯詔訟辨於帝前王乃表乞還政帝未有以答太傅進

曰希尹自祖宗世服勞今且有請者正畏口懼罪耳
詔不允其請先是儲副虛位宗磐自以爲太宗元子
大傅密令左右元帥與王來朝相與協心主建儲口
議援立熙宗宗磐心不能無動帝既卽位罷宗磐尚
書令以爲口口而相王任政宗磐知謀出於王憾焉
至是交惡深矣會東京留守宗雋左副元帥撻懶來
朝皆黨附宗磐同力以擠王出爲興中尹宗雋代爲
左丞相令人告發王北征日多私匿馬牛羊奏遣使
鞫之無狀告者伏口明年召還拜尚書左丞相封許
國公宗磐蓄不臣心連結黨與宗雋與同口惡王與

太傅撝知陰爲之備已而宗磐等反逆事發朝則執之於殿口內詔詰之伏罪王舉措閒暇而宗磐等已正刑典以定亂功進封口王天眷中車駕幸燕帝當服兖冕乘玉輅以入后與共載王口口曰法駕所以示禮四方在禮無帝后同輅者后藏怨未有以發口都元帥宗弼與王因酒有隙方辭還軍中帝夜遣使召至諭之曰希尹嘗有姦罪又召明肅諭以王罪明肅諫曰希尹自太宗朝立功且援立陛下亦與有力願加聖念帝怒甚至拔劍斥之明旦詔并其二子賜死諸孫獲宥王奕世勳閥機權方略以征則克臨事

果斷乃能增多前功扶翼聖統孜孜奉國知無不爲
自悼后正位中宮以巧慧當帝意頗干預外政王杜
過其漸每以正理□□由是大忤后旨得罪曖昧或
者以爲后之譖焉性尤喜文墨征伐所在□儒士必
禮接之訪以古今成敗諸孫幼學聚之環堵中鑿圜
竇僅能過飲食先生晨夕教授其義方如此天德初
追封豫國王謚曰貞憲以雪其□冤正隆二年改封
金源郡大定十六年詔圖像衍慶宮明年配享太宗
廟庭命詞臣撰次之以爲銘臣彥潛再拜稽首竊惟
國朝之興由昭祖以來克篤前烈至太祖太宗受命

以有天下□□遂爲世家今丞相守道亦克負荷用
光輔今天子丕承基緒以延功臣之賞王之先自邢
公而下世篤忠貞至王則興運君臣感遇所從來久
矣銘曰
古人有言所謂故國非謂喬木臣食舊德忠華一門
世濟其美邢公之孫戴公之子維時戴公碩大孔武
宏濟艱難佑我世祖肅穆□□風烈彌劭矯矯堂堂
王□守道武元載旆從以周旋奉命有光料敵無前
奮鋭沙漠以□予□移檄誚夏復舊疆土文烈嗣服
開家□□帝命王曰爾監師征克汴之日先收圖籍

明略□□鄭侯自昔軍中不虞亡國凶豎禍心滔天陰構□附王發摘之如神之捷火未及燄先事撲滅天眷繼統與定策勳創制立法作新人文無何師保交構內艱如周管蔡如漢胥旦乃心皇家緊王之忠執訊悖逆緊王之功王曰予職惟正之圖私謁不行豈予之□予職當然患匪予恤明明天子灼見前失迺命王孫仍世作相無念爾祖其猷克壯維其有之是以似之死而不亡於王見之

吉林有事通志甄及金石楊司馬同桂物色得此蓋金故金源郡王完顏希尹神道碑中斷矣搨以

視余漫滅十二三顧其事有史傳未及者史言熙宗以詔賜死碑述所由則言嘗以禮裁抑后大忤后旨其死后譖之夫彼婦之口之可以出走也聖人且歌焉何有於希尹也哉而世謂金石可補史闕以此抑今去碑所自立八百年有奇耳漫滅若是則以貌石質沙易泐又考古所宜知也以古迹之不可聽其湮也命鍜人箝而立焉因題以識光緒二十年歲次甲午春三月郭博勒長順識

按碑敘事多與史合且可以糾謬可以補闕考守道傳大定二年修熙宗實錄成帝謂曰卿祖古新

行事有未當者尚不爲隱見卿直筆尋進拜太尉尚書令改授左丞相碑敘守道官相同又世宗嘗諭守道曰乃祖勳在王室朕亦悉卿忠謹即碑上嘗因清燕云云也歡都傳祖舒嚕與昭祖同時同部同名士人呼昭祖曰勇舒嚕呼舒嚕爲賢舒嚕其後別去至景祖時舒嚕之子噶順舉部來歸歡都噶順子世祖時襲節度使歡都事四君出入四十年征伐之際遇敵則先世祖嘗曰吾有歡都何事不成天會十五年追贈儀同三司代國公明昌五年贈開府儀同三司即碑所敘三代也但立碑

時歡都已贈開府儀同三司史乃云明昌五年此
可以正其誤史敘舒嚕無贈開府儀同三司邢國
公事此可以補其闕矣又石土門傳漢字一作神
徒門耶懶路完顏部人世爲其部長弟阿斯懣卒
終喪大會其族太祖率官屬往焉就以伐遼之議
訪之即碑所敘太祖以祭禮云云也史之耶懶即
碑之移懶耶移聲轉耳惟石土門傳只阿斯懣一
人史言卒會祭之前碑云與其兄弟建伐遼之議
殆不止一弟矣太祖本紀九月進軍甯江州十一
月兀惹鐵驪降以碑證之蓋希尹曾奉命先往結

納也依本國語製女直字及招降奚部事傳較碑為詳考遼史本紀保大二年正月金克中京二月金師敗奚王瑪哈爾於北安又羅索傳杲取中京與希尹等襲走迪六和尚伊里斯等卽碑知遼將兵屯及宗翰駐兵北安州事也又希尹本傳宗翰駐軍北安使希尹經略近地又杲傳獲遼護衛耶律習泥烈言遼主在鴛鴦濼畋獵可襲取之卽碑招集至取之云云也碑文烈上缺字以傳證之其為習泥無疑又本傳遼兵屯古北口希尹婁室請以千兵破之盡獲甲胄輜重卽碑遼兵拒關以下

云云也又太祖紀天輔六年都統杲等追遼主於鴛鴦濼宗翰復追至白水濼希尹追至乙室部郎碑軍及鴛鴦濼至不及而還云云也又杲傳杲使希尹等奏捷且請徙西南招討司諸部於内地上嘉賞之即碑所叙杲遣王至賜之金器云云也然據本傳希尹將八騎與遼主戰一日三敗之在追遼主至乙室部之前碑在天會二年此當以碑爲正考西夏傳西北西南兩路都統宗翰也本傳宗翰入朝希尹權西北西南兩路都統碑所云兩路都統則未詳何人北盟會編宣和七年夏人陷天

德雲內河東八館之地初粘罕遣盧母使夏許割天德雲內武州及河東兜答斯刺曷董野鵲神崖榆林保大裕民八館約入麟府以牽河東之勢至是夏人取天德雲內八館又西夏傳初以山西九州與宋人而天德遠在一隅割以與夏後破宋乃畫陝西北鄙以易天德雲內即碑據有天德盡復舊疆事也又太宗紀天會三年詔諸將伐宋宗翰兼左副元帥希尹爲右監軍宗翰圍太原耶律伊篤破宋河東陝西援兵於汾河北即碑所敘宋人渝盟至破宋援兵事也克朮賜務傳與碑同又本

紀天會五年宋康王即位於歸德宋史建炎三年金人陷天長軍帝馳幸鎭江府金兵過揚子橋入眞州旋去揚州碑所敘宋康王自立於淮陽及渡江遁去蓋即此三年中事也松漠紀聞余睹姑之降金人以爲西京大監軍明年九月約燕京統軍反時晤室爲西監軍聞其事而未信與通事同行見二騎馳甚遽追獲之搜得余睹書晤室即回燕統軍來謁縛而誅之余睹父子遁入夏國不納投韃靼韃靼先已受晤室命以兵圍之父子皆死即碑前重九二日以下云云晤室即谷神譯語惟取

對音無定字各以所聞者著之故不同耳萌古斯
擾邊一事本紀與宗磐希尹傳均未載考大金國
志盲骨子契丹謂之矇骨建炎朝野雜記蒙古國
在女眞之東北唐謂之蒙兀部金謂之萌骨紹興
初始叛都元帥宗弼用兵連年卒不能討蓋當時
征討不止一次無大勝負故紀傳未詳碑特著之
者爲表乞還政所由本傳只言天眷元年乞致仕
宗磐傳宗磐日益跋扈嘗與宗幹爭論於上前其
後於熙宗前持刀向宗幹非碑文尚存幾莫知其
故矣熙宗紀天會八年安班貝勒杲薨太宗意久

未決十年左副元帥宗翰右副元帥宗輔右監軍
完顏希尹入朝與宗幹議曰安班貝勒虛位已久
若不早定恐授非其人碑中儲副虛位云云郎其
事也本傳云二年復爲左丞相俄封陳王與宗幹
共誅宗磐宗雋據碑誅宗磐等以定亂功進封王
可證王上空字當爲陳字則封王在誅宗磐前傳
爲誤矣車駕幸燕一事紀傳亦皆未載惟熙宗悼
皇后傳言其干預政事宗弼傳上幸燕京宗弼見
於行在所居再旬宗弼還軍已啟行四日召還至
日希尹誅又神麓記晤室兀朮言語相及兀朮告

秦王宗幹宗幹遮護之兀朮泣告皇后后具以語東昏兀朮已朝辭至良鄉召回是夜詐稱有詔入賜室所居第執而數之賜死宗幹即明肅熙宗時拜太傅海陵篡立追尊皇帝廟號德宗大定二年改謚明肅兀朮即宗弼也是希尹之死不特后之譖宗弼亦與有謀焉非此碑無由得其曲折也又希尹傳皇統三年贈儀同三司邢國公據碑邢公乃希尹之祖傳言大定十五年謚貞憲據碑天德初進封豫王已經予謚又碑稱大定十六年圖像衍慶宮考薩哈宗雄傳均大定十五年圖像疑皆

傳之誤也碑與婁室碑同時立故撰書篆額人皆同今婁室碑已佚此碑獨以晚出得傳亦其幸也史稱任詢書爲當時第一元好問評任南麓書如老法家斷獄網密文峻未免嚴而少恩此碑純法平原莊肅氣象尤能令人目悚南麓詢別字也光慶史言其善篆隸尤工大字世宗行郊祀受尊號及受命寶皆光慶篆凡宮廟牓署經光慶書者人稱其有法此額篆體遒勁具有古法知史言爲不虛也

口同三司代國公之口

太子少傅之墓

奴哥馬郎君之墓

畏合裴羊古之墓

悟輦明威之墓

阿尹太夫人之墓

按六碣均在完顔希尹墓碑左右十餘里每碣之

右書大定十年歲次庚寅十一月丁丑朔初八日

甲申謹記首作圭形面刻雲水紋代國公四碣高

一尺七寸馬郎君裴羊古二碣高一尺五寸廣八

寸字大二寸許作徐浩體以地與史證之代國卽

歡都太子少傅則歡都次子希尹弟謀演也歡都傳子謀演當阿注阿之難從歡都代爲質後與宗峻俱侍太祖宗峻坐謀演上上怒命坐其下勃堇老勃論拔合汝輅拔速三八爭千戸上曰汝輩能如歡都父子有勞於國者乎乃命謀演爲千戸天輔五年卒天會十五年贈太子少傅餘四碣蓋亦歡都之族合葬於是大定十年始補立墓碣耳考金史語解畏合郎威赫牙也裴羊古郎費揚古季子也明威將軍見百官志蓋武散官階之正五品下也

道士曹道清碑

在賓州廳境册報僅錄其文尺寸行款均未詳

先生姓曹諱道清西樓人也幼絶葷茹無兒戲事觎介拔俗之光甫冠辭親就師躡足千里金源乳峯石洞昇仙覺太虛之秋也悟玉清隱文以恬愉爲務以喜靜爲心口食備祀布衣蔽體循小大於天倪志壽天於彭殤道效行苦横源演流往北面事之逌永安四年葵望日淩旦告於衆曰吾將去修幾而逝春秋四十有幾其蒙弟子康道進等泣涕漣洏臨喪哀祭三日形色不變尋卜吉宅而安措之會八月二十有

九太虛來道清交素友□清太清師於太師張洞明
作黃籙大醮□□□□□安五色造成□□□□□
天表昭示不祥噫箕人□□□□□□□□□□□
□□□□勒文於立石傳於後世矣其錄曰
大道希夷非視非聽若人觀妙果獲明證丹心九轉
功陟三山雲臥天行逸駕豈攀
永安四年夏五月初五日大虛崇道邑糺首提點郭
顏温等立石
碑陰
糺首郭靜　金源楊士才刊

提點郭顏温　元菀進士趙元明書
邑長李敬天　安東進士劉傑遺文
二官李俊成
三官孟解愁
邑師趙元明
按碑文蓋道士墓也碑版廣例云唐以後先生之號歸於道流武后時有默仙中嶽體元先生大中大夫潘尊師碣爲道士碣所始濤南集云太乙之教興於金朝天眷間可見崇重道流金時獨盛西樓之名金時無有碣之所記蓋仍遼稱其地即遼

之上京臨潢府在今蒙古巴林旗地金源即按出虎北盟會編之阿觸胡阿朮火字異音同實皆一地今之阿勒楚喀也金興於此故當時謂之金源乣字字書所無始見於遼史百官志有十二乣軍語解乣轄乣軍軍名轄者管束之義金百官志諸乣詳穩一員掌守禦邊堡語解諸乣邊戍之官丞相襄傳乣雖異類亦我邊民是乣首者蓋管邊戶之人提點蓋經理廟宇者如宋時宮觀有提舉提點是也遼京西戒壇寺陁羅尼幢有邑長邑證邑錄等名此之邑長邑師蓋亦其類或即今甲長牌

頭之制歟二官三官則次於長者也元菟漢郡以馬訾水出西蓋馬縣考之知爲今長白山以北吉林地安東唐都護府治在今奉天境吉林爲所屬地蓋舉統部言之耳攺銘爲錄爲金石遺文所罕見作者爲當時進士而文甚拙澀以可考見當時制度故錄而存之

阿什哈達磨崖字

字四行多剥缺在吉林城東十二里江邊

奉天遣興孔兵馬陣前將軍遼東郡同都指揮使劉

書

丁未十八年領軍至此

洪熙元年領軍至此

□□七年領軍至此

按遼東設郡始於燕秦都指揮使司之設始於明洪武八年此明官而仍題遼東郡蓋猶文士以古名施於今地之陋習耳又考洪武以後洪熙以前兩遇十八年皆非丁未丁未二字疑爲永樂之訛又考明史洪武二十六年遼東都指揮使司奏朝鮮招引女直五百餘人欲入寇蓋洪武永樂間嘗用兵於女直故領軍者得以至此也

努兒干永甯寺碑附

高□尺□寸寬□尺□寸二十七行行六十二字正書在松花江下游特林地方今入俄羅斯境

勅修努兒干永甯寺碑記

□聞天之德高明故能覆幬地之德博厚故能持載聖人之德神聖故能悅近而來遠博施而濟衆洪惟我朝統一以來□□□□□十年矣九夷八蠻□山航海駢肩接踵稽顙於闕廷之下者□□□□□東□奴兒干國□□□之表其民曰吉列迷及諸□□雜居焉皆□□慕□未能自至況其地不生五穀不產布帛畜養惟狗或野人□□□□□□□□

□□□□□□□□□□□□□□□□□衣食之
艱不勝爲□□□□□□□□□□□□□□□□
□□□□□□□□□□□□□□□□監國□□
□□□□□□□□□□□□□□□□□□□□
□□□□□□□□□□□□□□□□□□□□
□□□□□□□□□□□□□□□□□□□□
□□□□□□□□□□□□□□□□□□□□
□承□九年春特遣內官亦失哈等□□軍□□□
入臣□□□□艘復至其國□□□見干□□□□
□□□□□□□□□□□□□□□□□□□□
□□□朝□□□都司□□□□□□□□□□□

□□□□□□□□□□□□□□□□□□□□
□□□□□□□□□□□□□□□□□□□□
□□□□□□□□□□□□□□□□□□□□
□□□收集舊部□□□之自相統屬十年□□□
□□□□□□□□□□□□□□□□□□□□
□□□□□□□□□亦失哈等載至其國自海西
抵奴兒□海□苦夷諸□□□□以衣服器用給以
穀米宴以酒食皆□□懽忻□□□□□□□□□
□□□□□□□□□□□□□□而□□□其民
使知敬□□□□□□□□□□□□□□□□□

□□□□□□□□□□□□□□□□□□□□
□□□□□□□□□□□□□□□□□□□奴
兒干□□□□□□□□□□而秀麗□是□建觀
音堂於其上□造□塑佛□□□□□□□□□□
□□□□□□□□□□□□□□□□□威□□
□癘疫而安□□旣□□□古以來未聞若斯□□
□□□□□□□□□□□□□□□□□□□□
□□□□□□□□□□□□□□□□□□□□
□□□□□□□□□□□□□□□□□□□□
□□□□□□□□□□□□□□□□□□□□

□□□□□□□□□□□□□□□□□□□□
□□□□□□□□□臣服永無□□□□□□□
萬方之外卒土之民不飢不寒□□□戴□□堯舜
之治□□□□□□九□之內□我□□□□□□
□□□□蠻夷戎狄不□而威莫不朝貢□□中庸
曰天之所覆地之所載日月所□□□□□□有血
氣者莫不尊親故曰配天正謂我□□□□□至誠
無息與天同□□無尙□□□□□□□□□□□
云爾
鎭國將軍指揮同十八行事禿十九行吳者因帖木

兒　朱誠　五十六　黃武二十行　賽因不花　□
速哈　阿□哈　哈赤兒　李道安二十一行　醫士陳
□　郭□□　□史黃顯二十二行　監造千戶金□□
撰碑記行人銅臺邪□　書丹甯憲　書蒙古字、
阿魯不花二十三行　來降□□城安樂州千戶□兒不
朮　里哈衛鎮撫阿可里阿剌卜　百戶阿剌帖木
□　□□所鎮撫賽因塔□秃不花二十四行　自在州
□□□□　阿里哥　粧塑匠方善慶二十五行　鐵匠
□□□　□史僧郎　磚瓦窰匠總旗熊□　軍人
張豬□　泥水匠王六十　察罕帖木□二十六行　都

指揮同知康旺　都指揮僉事王肇□　佟答剌哈
經歷劉興　□史劉□勝　二十七行
重建永甯寺碑　附
高□尺□寸寬□尺□寸記文二十行行四十三字正書後銜十行可辨者三行餘俱泐亦在特林
重建永甯寺□□
□□□□□四時行萬物生□□□□載□□□萬
物育□□□□□□□時萬姓□□□□□□□□
□□□□□□□爲□治□□□□□□□□□惟
我朝布德□□□而逾明□□□□□久矣□□
蠻夷戎狄□□□□而朝□貢者□□□□□□□

□□□□□□□□餘里人有□□□野人吉列
迷苦夷□重譯莫曉其言非威广莫□其心非□舟
難□其地□□□□其□風俗□□弗□□□洪
武間遣使至其國而未通永樂中上命□□□□
□□□□□航□至其國撫諭□□□奴兒干都司
□□□□□□□□□□捕海青方物朝貢上嘉其
來服□□□□□□之□朝廷□□□□□□□□
使柔化之□□年秋□□□□□□□□□□□
□寺□民所觀□□□□□□□□□□□□□
□□也宣德初復遣太監亦失哈部衆□□□□

□□□□聖天子與天同體明如日月□□之□□
□□□□□之其民□服且整飾□佛寺□□而□
七年上命太監亦失哈同都指揮康政率官軍二千
巨舡五十□至民皆如□獨永甯寺□□基址存焉
□□□□□□□□□□者皆悚懼戰慄□之以戮
而太監亦失哈等體皇上好生□□之意深加□□
斯民□□□宴以酒食□□□□□□於是人無□
少踴躍歡忻咸造天朝有□□之居乃有敵處□□
我屬無□□時□□□□□□□□敢不□□□遂
委官重造命工塑佛不費而□□□□得勝於□□

人無遠近皆來頓首□曰我□□□□無□矣以斯
觀之此我聖朝□□□□道高堯舜存□□□下加
□□□民使入□四裔□□□萬姓無一飢寒者□太
監亦失哈都指揮政□能□仁厚德□治善化□□
□夷□□□□偉歟□哉□□聖主布德施惠非求
報於百姓也□□□□求報於□□也山致其高雲
雨起焉水致其深蛟龍生焉君子致其道德而福祿
歸焉是故有陰德必有陽報有隱行必有昭名此之
謂也□□□文記萬世不□
大明宣德九年癸丑歲季春朔日立

欽差都知□太監亦失哈　御馬監鄭□金　內官
范□□　遼東都指揮康政　指揮高勗　崔源
碑陰有蒙古字不可識
碑側惟唵嘛呢叭彌吽六字漢文可識餘皆蒙古字不可辨
明實錄永樂二年二月忽刺温等處女直野人頭
目把刺答塔來朝置奴兒干衛以把刺答塔阿刺
孫等四人爲指揮同知古驢等爲千戶所鎮撫七
年閏四月設奴兒干都司以東甯衛指揮康旺爲
都指揮同知與兵二百護印千戶王肇舟等爲都
指揮僉事統其衆歲貢海青貂皮等物仍設狗站

遞送六月置經歷司經歷一員十二年閏九月命
遼東都司設兵三百往護其印逾二年遣還宣德
三年正月命都指揮康旺王肇舟佟答剌哈往奴
兒干地建立奴兒干都指揮使司并賜都司銀印
一經歷司銅印一六月五月命都指揮同知佟答
剌哈之姪勝襲爲都指揮僉事八年七月佟答剌
哈妻王氏來朝貢馬及方物八月以都指揮使康
旺之孫子康祿襲爲都指揮同知閏八月以都指
揮同知王肇舟老疾命其子貴襲爲都指揮僉事
食副千戶祿柳邊紀略引

廟爾上二百五十餘里混同江東岸特林地方有石磯壁立江邊形若城闕高十餘丈上有明碑二一刻勅建永甯寺記一刻宣德八年重建永甯寺記皆述太監亦失哈征服奴兒干海及海中苦夷事碑陰有二體字碑文碑側有四體字文惟唵嘛呢叭嘛吽六字漢文可識餘俱不能辨考楊賓柳邊紀略載威伊克阿林碑言威伊克阿林極東北大山也上無樹木惟生青苔厚常三四尺康熙庚午與阿羅斯分界鑲藍旗固山阿眞巴海等分三道往覵一從亨烏喇入一從格林必拉入一從北

海繞入所見皆同遂立碑於山上碑刊滿洲阿羅
斯喀爾喀文按紀略所言碑刻三體字今此碑實
六體字其是否即楊氏所謂威伊克阿林界碑未
敢臆斷然以所載三路往視之道計之則道里相
合亨烏喇即吞河從此入者由齊齊哈爾東逾內
興安嶺順吞河入混同江也格林必拉即格楞河
從此入者由愛渾舊城東逾外興安嶺南支順格
楞河入混同江也北海即指索倫河東海灣從此
繞入者由雅克薩城東北至欽都河源上外興安
嶺東抵索倫河口沿海濱繞入混同江也蓋威伊

克阿林在混同江南岸奇吉泊下今其地名特林卽威伊克阿林之合音豈分界時卽以三體字文刻於明人舊碑之上耶曹廷杰日記

按兩碑一立於明永樂中一立於宣德八年皆紀太監亦失哈征服奴兒干及東海苦夷事考奴兒干之地始見於元史地理志云有俊禽曰海東青由海外飛來至奴兒干陶宗儀輟耕錄稱高麗以北名別十八華言五連城也罪人之流奴兒干者必經此則在當時蓋亦東北著名之區明一統志云女直北至奴兒干北海正在今混同江兩岸爲

費雅喀奇勒爾各部所居明會典永樂二年女直野人來朝其後悉境歸附九年始設奴兒干都司柳邊紀略引實錄其事亦同惟以九年爲七年以碑證之疑當以會典爲正蓋第一碑中九年上雖剝一字而永字猶存下復有都司及自相統屬云云故疑建立都司當在此時也所云吉列迷郎金史之濟喇敏元史之帖烈滅契丹國志之阿里眉今日濟勒彌亦曰彌勒彌其實卽奇勒爾也苦夷與唐書之窟說屈說明一統志之兀列音譯皆同其爲今之庫頁爾島亦毫無疑義考明史百官志

及宦官傳太監鄭和嘗率兵二萬行賞西洋古里滿剌加諸國西域則李達迤北則海童而西番則率使侯顯和先後七奉使顯亦五使絕域載在史册較然可知亦失哈亦以太監將數千之衆踔行萬里之外前後三至絕域勒碑而還此亦當時大事而紀傳皆無一語之及非此碑僅存則明代用兵東北之事竟無可考金石遺文前人謂其可以補史闕者正此類也康旺康政史皆無傳其官制則見於會典及史志有可考者會典云洪武永樂間東北諸夷相率歸附朝廷官其酋長爲都督都

指揮指揮千百戶鎮撫等官賜以勅書印記設都司一曰奴兒干史志云都指揮使司都指揮正二品都指揮同知從二品都指揮僉事正三品其屬經歷司經歷正六品行都指揮使司設官與都指揮使司同外衛各統於行都司及所千戶正千戶正五品副從五品鎮撫正六品所屬百戶正六品其下有總旗自衛指揮以下其官多世襲其軍士亦父子相繼爲一代定制旺政以一姓再爲指揮殆卽世襲之證僉事王肇下缺字以實錄證之當爲舟字佟答剌哈職官名姓亦與實錄符合其他

則無可考矣都知監據百官志爲宦官十二監之第十二太監一員蓋正四品云碑陰碑側皆蒙古字無異體文後題名有書蒙古字阿魯不花一人是此一體字爲當時所書無疑楊賓以爲三體界碑其說無稽曹廷杰親見此碑乃以爲六體字而於分界一說猶爲調停之辭尤考之未審且康熙中與俄羅斯分界在阿爾古納河自此以東東北際海及海以外庫葉爾島皆吉林屬地特林係海以內地當時與外域分界豈有立碑內地自蹙百里之理咸豐四年吉林將軍景淳奏摺亦言廟兒

地方舊有分界石碑分刻滿漢文字悉被鑿毀滅迹云云恐亦係傳聞之辭近歸安錢氏作中俄分界考遂據曹氏誤文以爲眞有界碑在彼益不免訛以傳訛以掌故所關故詳爲辨之如此此碑拓本海內惟兩分一爲曹氏所藏碑側之文已失一紙一爲光緒十二年六月曹氏呈送總理各國事務衙門之本其文尚全並識於此俾來者有所考焉

合重渾謀克印

康熙丙寅年沙爾虎舊城去甯古塔四十里掘一銅章傳

送禮部大若州印面篆合重渾謀克印六字背左一行楷書如同文右一行刻大同二年少府監造八字按大同遼世宗年號而謀克則世傳金爵也今觀斯印則金未建國號爲遼屬國時已有斯爵而後特廣之耳柳邊紀略

上京東京等路安撫司印

烟集岡俗呼南岡開墾時農人耕地得此印按金百官志承安三年以上京東京等提刑司併爲一提刑使兼宣撫使復改宣撫爲安撫安撫司掌鎭撫人民譏察邊防軍旅審錄重刑仍專管明安穆昆教

習武藝及令本土純愿風俗不改安撫使副內差一員於咸平一員於上京分司四年罷咸平分司使在上京副在東京使正三品副正四品志稱三品印方一寸五分半今印得建初尺三寸强得今工匠尺二寸一分强是金官尺長於今尺四寸餘矣

彈壓所印

印在今賓州廳城廟內背鐫興定二年按金百官志無此名惟提舉倉場司注載興定五年拟置潼關倉監支納一員兼樞密院彈壓是彈壓所蓋屬

樞密或偶置旋罷故志不載印得建初尺三寸弱

以安撫司印度之葢四品官也

實山衞指揮使司之印

會城東北小城土人耕地得此印背鐫永樂六年

文篆作九疊明史志云三品銅印方二寸七分今

量得建初尺三寸九分弱今工匠尺二寸七分强

甯古塔有人掘一境背鑄銘兩行左一行不可辨右

一行曰不劒而鏡前甯古塔將軍安珠瑚於福兒哈

河邊得一殘碑僅五行合七字首行曰上順國次曰

不次曰字次曰歸次曰佃甯古塔紀略

已巳年間人傳飛牙喀一碑本屬漢文而譯爲滿不能錄大要其地爲二闕國十年教養之後立此碑版後書東唐國鎮守滿種山將軍馬元亮又有都指揮同知等官名按中國無東唐之號豈高麗前代耶同上

雙城子有古碑字跡剝蝕僅存台二字台字旁寫疑有闕筆相傳原文有寬永十三年湖北進馬三千匹二語諦視之惟寬永十三年湖北進馬九字尚仿彿可識三千匹三字已屬烏有其日湖北當指興凱湖以北非內地湖北也詳觀碑所似爲日本古墓碑乘以贔屓舊石人石馬在其前今被俄人毀壞並碑之上半亦鑿爲階磉 曹廷杰筆記

古賢者墓在三姓境碑鐫古賢者墓不能詳何人盛京通志一百四

乾隆中伯都訥副都統綽克托築城掘得碑碣錄宋徽宗晚年日記尙得其崖畧云於天會十三年寄跡於此業經數載嘯亭雜錄□

福建陳昭令於沙闌北掘一鏡長四寸八分闊二寸五分四角皆委上凸下凹背有紐在其端中有篆文曰偕[illegible]冏旁象二龍而各加劍於首一象水波紋邊柳紀略

按以上六則皆金石瑣記傳聞賓州廳螞蜒河南

天門尚有古碑一以地僻遠未能訪搨吉林金石
無多仿寰宇訪碑例附著如右

吉林通志卷一百二十一

志餘上

夫餘國地方二千里初北夷索離國王出行其侍兒於後姙身王還欲殺之侍兒曰前見天上有氣大如雞子來降我因有身王囚之後遂生男王令置於豕牢豕以口氣噓之不死復徙於馬蘭馬亦如之王以爲神乃聽母收養名曰東明東明長而善射王忌其猛復欲殺之東明奔走南至掩淲水原注今高麗中有蓋斯水疑此水是也　按魏略作施掩水梁書作掩滯水以弓擊水魚鼈皆聚浮水上東明乘之得度因至夫餘而王之焉後漢書八十五　滿洲源流考

曰高麗出自夫餘夫餘出自索離索讀如槖故或書爲槖槖形似櫜故又轉爲櫜櫜與槖音同故魏略及遼志復作槖與高麗實二國也夫餘在高麗北槖離又在夫餘北故東明南走而至夫餘朱蒙亦南走而至高麗其事彷彿相同或傳聞之有一誤也

高句驪地方二千里多大山深谷人隨而爲居少田業力作不足以自資故其俗節於飲食而好修宮室東夷相傳以爲夫餘別種故言語法則多同而跪拜曳一脚行步皆走凡有五族有消奴部絕奴部順奴部灌奴部桂婁部原注按今高驪五部一曰內部一名黃部即桂婁部也二曰北部一名後部即絕奴部也三曰東部一曰左部即順奴部也四曰南部一名前部即灌奴部也五曰西部一名右部即消奴部也本消奴部爲王稍微弱後桂婁部代之其

置官有相加對盧沛者古鄒大加原注古鄒大加掌賓客之官如鴻臚也主部優台使者帛衣先人武帝滅朝鮮以高句驪爲縣原注前書元封中定朝鮮爲真番臨屯樂浪元菟四部使屬元菟其俗祠鬼神社稷靈星十月祭天大會名曰東盟其國東有大穴號燧神亦以十月迎而祭之同上

句驪一名貊耳王莽初發句驪兵以伐匈奴其人不欲行强迫遣之皆亡出塞爲寇盜遼西大尹田譚追擊戰死莽令其將嚴尤擊之誘句驪侯騶入塞斬之傳首長安莽大說更名高句驪王爲下句驪侯於是貊人寇邊愈甚建武八年高句驪遣使朝貢光武復

其王號同上

東沃沮土肥美背山向海宜五穀善田種有邑落長帥人性質直彊勇便持矛步戰言語食飲居處衣服有似句驪其葬作大槨長十餘丈開一頭爲戸新死者先假埋之令皮肉盡乃取骨置槨中家人皆共一槨刻木如生隨死者爲數焉其土迫小介於大國之閒遂臣屬句驪句驪復置其中大人爲使者以相兼領責其租稅貂布魚鹽海中食物發美女爲婢妾焉又有北沃沮一名置溝婁去南沃沮八百餘里其俗皆與南同界南接挹婁挹婁人憙乘船寇鈔北沃

沮畏之每夏輒藏於巖穴至冬船道不通乃下居邑落同上

漢時夫餘王葬用玉匣常豫以付元菟郡王死則迎取以葬公孫淵伏誅元菟庫猶有玉匣一具今夫餘庫有玉璧珪瓚數代之物傳世以爲寶耆老言先代之所賜也其印文言濊王之印國有故城名濊城蓋本濊貊之地而夫餘王其中自謂亡人抑有似也三國志三十

東沃沮戶五千無大君王世世邑落各有長帥其言語與句麗大同時時小異毌丘儉討句麗句麗王宮

奔沃沮遂進師擊之沃沮邑落皆破之斬獲首虜三千餘級宮奔北沃沮王頎別遣追討宮盡其東界問其耆老海東復有人不耆老言國人嘗乘船捕魚遭風見吹數十日東得一島上有人言語不相曉其俗嘗以七月取童女沈海又言有一國亦在海中純女無男又說得一布衣從海中浮出其身如中國人衣其兩袖長三丈又得一破船隨波出在海岸邊有一人項中復有面生得之與語不相通不食而死其域皆在沃沮東大海中同上

魏略曰其嫁娶之法女年十歲已相設許婿家迎之

長養以爲婦成人更還女家女家責錢錢畢乃復還婿三國志沃沮傳注

挹婁其土地多山險其人形似夫餘言語不與夫餘句麗同有五穀牛馬麻布人多勇力無大君長邑落各有大人處山林之閒常穴居大家深九梯以多爲好土氣寒劇於夫餘其弓長四尺力如弩矢用楛長尺八寸青石爲鏃古之肅慎氏之國也善射射人皆入因矢施毒人中皆死出赤玉好貂今所謂挹婁貂是也自漢以來臣屬夫餘夫餘責其租賦重以黃初中叛之夫餘數伐之其人衆雖少所在山險鄰國人

畏其弓矢卒不能服也其國便乘船寇盜鄰國患之東夷飲食類皆用俎豆唯挹婁不法俗最無綱紀也

三國志三十

肅慎其土界廣袤數千里居深山窮谷其路險阻車馬不通夏則巢居冬則穴處父子世爲君長無文墨以言語爲約有馬不乘但以爲財産而已無牛羊多畜豬續毛以爲布有樹名雒常滿洲源流考曰山海經云肅慎之國有樹名曰雄常中國有聖帝代立則此木生皮可衣也此作雒常字形相近傳寫致異又或作頟常考字書雒頟二字相通與額同若中國有聖帝代立則其木生皮可衣無井竈作瓦鬲受四五升以食坐則箕踞以足挾肉而

啖之得凍肉坐其上令煖土無鹽鐵燒木作灰灌取汁而食之俗皆編髮以布作襜徑尺餘以蔽前後將嫁娶男以毛羽插女頭和則持歸然後致禮聘之婦貞而女淫貴壯而賤老死者其日卽葬之於野交木作小椁殺豬積其上以爲死者之糧性凶悍以無憂哀相尚父母死男子不哭泣哭者謂之不壯相盜竊無多少皆殺之故雖野處而不相犯有石砮皮骨之甲檀弓三尺五寸楛矢長尺有咫其國東北有山出石其利入鐵將取必先祈神晉書

高句麗其先出夫餘王嘗得河伯女因閉於室內爲

日所照引身避之日影又逐旣而有孕生一卵大如五升夫餘王棄之與犬犬不食與豕豕不食棄於路牛馬避之棄於野衆鳥以毛茹之王剖之不能破遂還其母母以物裹置煖處有一男破而出及長字之曰朱蒙朱蒙者善射也夫餘人以朱蒙非人所生請除之王不聽命之養馬朱蒙私試知有善惡駿者減食令瘦駑者善養令肥王以肥者自乘以瘦者給朱蒙後狩於田以朱蒙善射給之一矢朱蒙雖一矢殪獸甚多夫餘之臣又謀殺之其母以告朱蒙朱蒙乃與烏違等二人東南走中道遇一大水欲濟無梁夫

餘人追之甚急朱蒙告水曰我是日子河伯外孫今追兵垂及如何得濟於是魚鼈爲之成橋朱蒙得度魚鼈乃解追騎不得度朱蒙遂至普述水遇見三人一著麻衣一著衲衣一著水藻衣與朱蒙至紇升骨城遂居焉號曰高句麗因以高爲氏其在夫餘妻懷孕朱蒙逃後生子始閭諧及長知朱蒙爲國王卽與母亡歸之名曰閭達委之國事朱蒙死閭達立閭達死子如栗立如栗死子莫來立乃并夫餘北史九十四

勿吉國一曰靺鞨其人勁悍於東夷最強言語獨異常輕豆莫盧按豆莫盧傳與後漢書三國志夫餘傳略同故不錄等國諸國亦

患之所居多依山水渠帥曰大莫弗瞞咄國南有徒太山者華言太皇魏書作太白俗甚敬畏之人不得山上溲汙行經山者以物盛去上有熊羆豹狼不害人人亦不敢殺地卑濕築土如隄鑿穴以居開口向上以梯出入其國無牛有馬車則步推相與偶耕土多粟麥穄菜則有葵水氣鹹生鹽於木皮之上亦有鹽池嚼米爲酒飲之亦醉婚嫁婦人服布裙男子衣豬皮頭插虎原作武豹尾俗以溺洗手面於諸夷最爲不潔隋開皇初遣使貢獻文帝令宴飲於前使者與其徒皆起舞曲折多戰鬬容上顧謂侍臣曰天地間乃有

此物常作用兵意同上

靺鞨其國凡數十部各有酋帥或附於高麗或臣於突厥而黑水靺鞨最處北方尤稱勁健恆爲鄰境之患俗皆編髮無屋宇並依山水掘地爲穴架木於上以土覆之狀如中國之冢墓相聚而居夏則出隨水草冬則入處穴中父子相承世爲君長俗無文字兵器有角弓及楛矢其畜宜豬富人至數百口死者穿地埋之以身襯土無棺斂之具殺所乘馬於尸前設祭舊唐書一百九十九下

渤海靺鞨大祚榮者按唐會要云王姓大氏名祚榮本高麗別種也

高麗既滅祚榮率家屬徙居營州萬歲通天年契丹
李盡忠反叛祚榮與靺鞨乞四比羽各領亡命東奔
保阻以自固盡忠既死則天命右玉鈐衛大將軍李
楷固率兵討其餘黨先破斬乞四比羽又度天門嶺
以迫祚榮祚榮合高麗靺鞨之衆以拒楷固王師大
敗楷固脱身還屬契丹及奚盡降突厥道路阻絶則
天不能討祚榮遂率其衆東保桂婁之故地據東牟
山築城以居之祚雄驍勇善用兵靺鞨之衆及高麗
餘燼稍稍歸之聖歷中自立爲振國王遣使通於突
厥風俗與高麗及契丹同頗有文字及書記睿宗先

天二年遣郎將崔訢往册拜祚榮爲左驍衛員外大將軍渤海郡王仍以其所統爲忽汗州都督自是每歲遣使朝貢開元七年祚榮死元宗遣使弔祭乃册立其嫡子桂婁郡王大武藝襲父爲左驍衛大將軍渤海郡王忽汗州都督二十五年武藝病卒太和七年遣學生三人請赴上都學問先遣學生三人事業稍成請歸本國許之同上

渤海俗謂王曰可毒夫曰聖主曰基下其命爲教王之父曰老王母太妃妻貴妃長子曰副王諸子曰王子官有宣詔省左相左平章事侍中左常侍諫議居

之中臺省右相右平章事內史詔誥舍人居之政堂省大內相一人居左右相上左右司政各一居左右平章事之下以比僕射左右允比二丞左六司忠仁義部各一卿居司政下支司爵倉膳部部有郎中員外右六司智禮信部支司戎計水部卿郎準左以比六官中正臺大中正一比御史大夫居司政下少正一又有殿中寺宗屬寺有大令文籍院有監令監皆有少太常司賓大農寺寺有卿司藏司膳寺寺有令丞胄子監有監長巷伯局有常侍等官其武員有左右猛賁熊衛羆衛南左右衛北左右衛各大將軍一

將軍一大抵憲象中國制度如此以綠爲秩三秩以上服紫牙笏金魚五秩以上服緋牙笏銀魚六秩七秩淺緋衣八秩綠衣皆木笏俗所貴者曰太白山之菟南海之昆布栅城之豉扶餘之鹿鄚頡之豕率賓之馬顯州之布沃州之緜龍州之紬位城之鐵盧城之稻湄沱湖之鯽果有九都之李樂游之棃餘俗與高麗契丹略等新唐書一百十九下　滿洲源流考曰九都當是九都樂游當是樂浪之譌

唐開元二十六年渤海遣使寫唐禮及三國志三十六國春秋冊府元龜

宋太平興國四年太宗平晉陽移兵幽州渤海首領大鸞河率小校李勛等十六八部族三百騎來歸以鸞河爲渤海都指揮使六年賜烏舍城浮渝府渤海琰府王詔令助攻契丹九年春宴大明殿召鸞河慰撫久之謂殿前都校劉延翰曰俟高秋戒候當與駿馬數十匹令出郊遊獵以遂其性因以緡錢十萬并酒賜之宋史　源流考曰渤海無浮渝府當即夫餘府音近而訛

太平興國六年賜渤海烏舍城清渝府宋史作浮渝府渤海琰府王詔曰閻爾國爰從前代本是大蕃近年以來頗爲契丹所制宜盡率部族來應王師朔漠之外悉

以相與渤海大國近來服役於契丹至是將發師大舉故先告諭俾爲應也宋會要

屬國軍有靺鞨部朝貢無常有事則遣使徵兵或下詔令專征助軍多寡各從其便遼史兵衛志

女眞服屬大遼二百餘年世襲節度使兄弟相傳周而復始至天祚朝賞罰僭濫禽色俱荒女眞東北與五國爲鄰五國之東鄰大海出名鷹自海東來者謂之海東青小而俊健能擒鵝鶩爪白者尤以爲異遼人酷愛之歲歲求之女眞至五國戰鬬而後得女眞不勝其擾及天祚嗣位責貢尤苛又天使所至百般

需索於部落稍不奉命召其長加杖甚者誅之諸部怨叛潛結阿骨打至是舉兵伐遼松漠紀聞曰遼盛時銀牌天使至女眞每夕必欲薦枕者其國舊輸中下戶作止宿處以未出適女侍之後求海東青使者絡繹恃大國使命惟擇美好婦人不問其有夫及閥閱高者女眞浸忿遂叛先是州有榷場女眞以北珠人蓡生金松實白附蜜蠟麻布之類爲市州人低其置且拘辱之謂之打女眞州既陷殺之無遺類獲遼兵甲馬三千退保長白山之阿朮火阿朮火者女眞所居之地以河爲名也契丹國志十

契丹有國時四時有行在之所謂之巴納原註國語巴納地名也原作捺鉢今譯改春巴納曰鴨子河濼在長春州東北四面

皆沙堝多榆柳遼主每至侍御各備打鵝錐一柄刺鵝錐一枚於濼之側相去五十七步排立有天鵝之處舉旗擊鼓鵝驚飛起五坊進海東青鶻遼主親放之鶻擒鵝墜勢力不加侍者舉錐刺取鵝腦以飼鶻得頭鵝薦宗廟羣臣各獻酒舉樂皆插鵝毛於首以爲樂弋獵網釣春盡而還遼史營衞志

女眞卽古肅愼國也其屬分六部有黑水部卽今之女眞其水掬之則色微黑契丹目爲混同江其江甚深狹處可六七十步闊處至百步唐太宗征高麗靺鞨佐之戰甚力駐蹕之敗高延壽高惠眞以衆及靺

鞨兵十餘萬來降太宗悉縱之獨坑靺鞨三千人開元中其酋來朝拜爲勃利州刺史遂置黑水府以部長爲都督刺史朝廷爲置長史監之賜府都督姓李氏訖唐世朝獻不絕五代時始稱女眞後唐明宗時嘗寇登州渤海擊走之其後避契丹諱更爲女直俗訛爲女質居混同江之南者謂之孰女眞孰熟同以其服屬契丹也江之北爲生女眞亦臣於契丹後有酋豪受其宣命爲首領者號太師契丹自賓州混同江北八十餘里建寨以守余嘗自賓涉江過其寨守禦已廢所存者數十家耳松漠紀聞

女眞酋長乃新羅人號完顏氏猶漢言王也女眞以其練事後隨以首領讓之兄弟三人一爲孰女眞酋長號萬戶其一適他國完顏年六十餘女眞妻之以女亦六十餘生二子其長卽胡來也胡來金史作烏魯自此傳三人至楊哥太師無子以其姪阿骨打之弟謚曰文烈者爲子其後楊哥生子闍辣金史作撻懶乃令文烈歸宗同上

金昭祖久無子有巫者能道神語甚驗乃往禱焉良久曰男子之魂至矣此子厚有福德子孫昌盛可拜受之生則命之曰烏古廼是爲景祖又良久曰女子

之魂至矣可名曰烏延又良久曰女子之兆復見可名曰烏達布又良久曰男子之兆復見然性不馴良長則殘忍無親親之恩必行非義不可受也昭祖方念後嗣未立乃曰雖不良亦願受之巫者曰當名之曰烏肯徹既而生二男二女其次第先後皆如巫者之言金史

女真舊無鐵鄰國有以甲冑來鬻者景祖傾貲厚價以與貿易亦令昆弟族人皆售之得鐵既多因之以修弓矢備器械兵勢稍振同上

太祖十歲好弓矢甫成童即善射嘗南望高阜一發

過之度所至踰三百二十步天德三年立射碑以識焉同上

太祖畫寢於拉林水傍夢威泰之場圃火禾盡焚覺而深念之以爲憂同上

初女眞有戎器而無甲遼之近親有以衆叛閒入其境上爲女眞一酋說而擒之得甲首五百女眞賞其酋爲阿盧里移賚原注彼云第三個官人亦呼爲相公旣起師纔有千騎用其五百甲攻破甯江州遼衆五萬禦之不勝復倍遣之亦折北遂益至二十萬女眞以衆寡不敵謀降大酋粘罕悟室婁宿等曰我殺遼人已多降必見

剿不若以死拒之時勝兵至三千既連敗遼兵器甲益備與戰復克天祚乃發番漢五十萬親征大將餘都姑謀廢之立其庶長子趙王謀泄以前軍十萬降遼軍大震天祚怒國人叛已命漢兒遇契丹則殺之初遼制契丹人殺漢兒皆不加刑至是攄其宿憤見者必死國中騷亂皆莫爲用女眞乘勝入黄龍府五十餘州浸逼中京原注中京古白霫城　松漠紀聞

甯江州去冷山百七十里地苦寒多草木如桃李之類皆成園至八月則倒置地中封土數尺覆其枝幹季春出之厚培其根否則凍死每春冰始泮遼主必

至其地鑿冰釣魚放弋爲樂女眞率來獻方物若貂鼠之屬各以所產量輕重而打博謂之打女眞後多强取女眞始怨暨阿骨打起兵首破此州尋致亡國同上

熙宗皇統六年春三月上以上京會寗舊內太狹役五路工匠撤而新之規模倣汴京大金國志

自拉林河國主所居東行約五百里皆平原草莽絕少民居每三五里之閒有一二族帳每族帳三五千家北盟會編

女眞舊絕小正朔所不及其民皆不知紀年問之則

曰我見草青幾度矣蓋以草一青爲一歲也自興兵以後浸染華風酋長生朝皆自擇佳辰粘罕以正旦悟室以元夕烏拽馬以上巳其他如重午七夕重九中秋中下元四月八日皆然亦有用十一月旦者謂之周正金主生於七月七日以國忌用次日今朝廷遣賀使以正月至彼蓋循契丹故事不欲使人兩至也松漠紀聞

金國治盜甚嚴每捕獲論罪外皆七倍責償唯正月十六日則縱偷一日以爲戲妻女寶貨車馬爲人所竊皆不加刑是日人皆嚴備遇偷至則笑遣之旣無

所獲雖畚钁微物亦攜去婦人至顯入人家何主者出接客則縱其婢妾盜飲器他日知其主名或偷者自言大則具茶食以贖原註謂羊酒肴饌之類次則攜壺小亦打䭓取之亦有先與室女私約至期而竊去者女願留則聽同上

女眞舊不知歲月如燈夕皆不曉己酉歲有中華僧被掠至其闕遇上元以長竿引燈毬表而出之以爲戲女眞主吳乞買按即金太宗見之大駭問左右曰得非星耶左右以實對時有南人謀變事泄而誅故乞買疑之曰是人欲嘯聚爲亂剋日時立此以爲信耳命

殺之後數年至燕頗識之至今遂盛同上

金初都上京府曰會甯地名金源其城邑宮室類中原之州縣廨宇制度極草創居民往來或車馬雜遝皆自前朝門爲出入之路略無禁犯每春正擊土牛父老士庶無長無幼皆觀看於殿之側主之出朝也威儀禮貌止肖乎守令民有訟未決者多攔駕以訴之其野如此至亶始有內廷之禁大率亦闊略迨亮弑亶而自立粗通經史知中國朝著之尊密有遷都意繼下求言詔應公卿大夫芻蕘黎庶皆得以利害聞時上書者多陳上京僻在一隅官艱於轉輸民艱

於赴訴不若徙燕以應天地中會與亮意合卒從之張棣圖經
金國初建其儀制從物止類中州之守令在內廷間或遇雨雪雖后妃亦去襪履赤足踐之其醇如此亶立始設護衞將軍寢殿小底拏手繖子同上
胡俗舊無儀法君民同川而浴肩相摩於道民雖殺雞亦召其君同食炙股烹蒲原注音蒲膊肉也以餘肉和薺菜擣臼中糜爛而進率以爲常吳乞買稱帝亦循故態今主方革之松漠紀聞
金都會甯四時皆獵每獵則以隨駕軍密布四圍名

曰圍場（大金國志）

女眞人濟江河不用舟楫浮馬而渡（同上　按浮馬而渡吉林人近猶能之然亦祇於淺狹處盛夏水漲瀰漫莫測理所必無也）

謝子肅使金回云金廷羣臣自徒單相以下大抵皆白首老人徒單年過九十矣又云金姓名三兩字又極怪至有姓斜卯者已酉春金移文境上曰皇帝生日本是七月今爲南朝使人冒暑不便已權改作九月一日其內鄉之意亦可嘉也（老學庵筆記一）

湻熙已酉金國賀登極使臣自云悟室之孫喜讀書著作郎權兵部郎官鄧千里館之因遊西湖至林和

靖祠堂忽問曰林公嘗守臨安耶千里笑而已老學庵筆

記

一

嗢熱者國最小不知其始所居後爲契丹徙置黃龍

府南百餘里曰賓州州近混同江即古之粟末河黑

水也部落雜處以其族類之長爲千戶統之契丹女

眞貴游子弟及富家兒月夕被酒則相率攜尊馳馬

戲飲其地婦女聞其至多聚觀之間令侍坐與之酒

則飲亦有起舞歌謳以侑觴者邂逅相契調謔往反

即載以歸不爲所願者至追逐馬足不遠數里其攜

去者父母皆不問留數歲有子始具茶食酒數車歸

廇謂之拜門因執子壻之禮其俗謂男女自媒勝於納幣而昏者飲食皆以木器好置蠱他人欲其不驗者云三彈指於器上則其毒自解亦間有遇毒而斃者（松漠紀聞）

渤海國去燕京女真所都皆千五百里以石累城足東並海其王舊以大爲姓右姓曰高張楊竇烏李不過數種部曲奴婢無姓者從其主婦人皆妒悍大氏與他姓相結爲十姊妹迭幾察其夫不容側室及他游聞則必謀置毒死其所愛一夫有所犯而妻不之覺者九人則羣聚而詬之爭以嫉忌相誇故契丹女

眞諸國皆有女倡而其良人皆有小婦侍婢唯渤海無之男子多智謀驍勇出他國右至有三人渤海當一虎之語契丹阿保機滅其王大諲譔徙其名帳千餘戸於燕天祚之亂共聚族立姓大者於舊國爲王金人討之軍未至其貴族高氏棄家來降言其虛實城後陷上同

黃頭女眞者皆山居號合蘇館女眞其人贛朴勇鷙不能別死生金人每出戰皆被以重札令前驅謂之硬軍後役之益苛廩給旣少遇鹵掠所得復奪之不勝忿天會十一年遂叛興師討之但守遏山下不敢

登其巢穴經二年出鬭而敗復降疑即黄頭室韋也
金國謂之黄頭生女眞髭髮皆黄目睛多緑亦黄而
白多因避契丹諱遂稱黄頭女直同上
按大金國志云女眞其屬分六部契丹誘豪右數
千家處之遼陽之南使不得與中國往來謂之哈
斯罕滿洲源流考曰哈斯罕舊作合蘇款又作曷蘇館今改正極遠而野居者
謂之黄頭女眞又契丹國志云黄頭女眞皆山居
號哈斯罕源流考曰此合二部爲一蓋契丹志爲
葉隆禮所撰傳聞之誤未得其眞也據此則忠宣
所紀似亦與葉同誤

甯古塔之東北海島一帶唐書所云少海之北三面阻海人依島嶼散居有魚鹽之利者入有數種鄂倫綽其一也在近海之多羅河强黔山游牧男女皆披髮跣足以養角鹿捕魚爲生所居以魚皮爲帳性懦弱歲進貂皮皇清職貢圖三

奇楞性强悍以捕魚打牲爲業男女衣服皆鹿皮魚皮爲之無書契其土語謂之奇楞話歲進貂皮同上

庫野男薙頂心以前之髮而蓄其後長至肩即截去草笠布衣綴紅布卍字於肩背閒亦有衣魚皮者性好鬬出必懷利刃婦女幼時即以針刺脣用煙煤塗

之土語謂之庫野話歲進貂皮同上

費雅喀沿海島散處以漁獵爲生男女俱衣犬皮夏日則用魚皮爲之性悍好鬭出入常持兵刃歲進貂皮同上

恰喀拉男女俱於鼻傍穿環綴寸許銀銅人爲飾男以鹿皮爲冠布衣跣足婦女則披髪不笄而襟袵間多刺繡紋其屋廬舟船俱用樺皮俗不知網罟以乂魚射獵爲生性游惰無蓄積土語謂之恰喀拉話歲進貂皮同上

七姓性多醕樸地産菸麥雖知耕種而專以漁獵爲

生遇冬月氷堅則足踏木板溜冰而射其婦女亦善伏弩捕貂衣帽名以貂爲之土語謂之烏迪勒話歲進貂皮同上

赫哲性強悍信鬼怪男以樺皮爲帽冬則貂帽狐裘婦女帽加兜鍪衣服多用魚皮而緣以色布邊綴銅鈴亦與鎧甲相似以捕魚射獵爲生夏航大舟冬月冰堅則乘冰床用犬挽之其土語謂之赫哲話歲進貂皮同上

東邊部落貢

盛京者曰庫牙喇俗與窩稽同產海豹江獺皮其地在

土門江北岸與南岸朝鮮慶遠府城相對去甯古塔五百里歲一貢使鹿部大約在使犬諸部之外崇德元年五月阿賴達爾漢追毛安部下逃人至使鹿部喀木尼漢地方獲男女二十九來獻至今未通朝貢無由見其國人但聞其駕車耕使鹿若使牛馬而已

柳邊紀略

東北部落素產馬宋建隆中女直嘗自其國至薊州泛海至登州賣馬明女直建州毛憐海西等部共歲貢馬千五百匹又永樂三年立開原馬市撫順馬市廣甯馬市成化十四年立慶雲馬市以布帛粟米雜

貨易之今柳邊內外絶不產馬惟
朝廷乃有馬羣其他皆自山海關西及高麗國來同上
由甯古塔而東三百里有依朗哈喇土城卽五國城
故地設官守之又東北五六百里爲虎爾哈部所居
又六百里爲黑斤部所居又六百里爲費雅哈部所
居此三種人總名烏稽達子烏稽卽渥集也又名魚
皮達子近混同江口不產五穀惟出紫貂元狐海螺
灰鼠水獺鷹雕及魚每歲五月此三部人則乘查哈
船江行泊甯古塔南關外進貂將軍設宴並出部頒
袍帽靴襪挺帶巾扇賜之貂以黑斤部所產爲最貴

雅喀次之虎爾哈又次之黑龍江索倫所產毛粗又次之黑斤費雅喀二部皆不薙髮梳髻環耳男婦皆不褲以魚皮爲衣柔輭可染富者以鵰翎蓋屋貂及元狐爲帳狐鼠爲被褥虎爾哈人則服飾略同滿洲矣三部人皆無官長約束質直有信義商賈賒物約償黑貂千里不爽期約勇敢能一人殺虎

朝廷擇其材武者賜以官爵數年令從虎爾哈還至甯古塔又遷至奉天又二年始入都名依徹滿洲即新滿洲也

聖武記一　吳振臣甯古塔紀略曰東山名商陽哈答極高峻在對江石壁插於江中水極深魚極多此山最深遠向出薓貂今則取盡矣惟松樹最多松子採之不盡再東三百里名衣

朗哈喇今設土城有官守與金時五國城相近略存其形而已又東北五六百里爲呼兒喀又六百里爲黑斤又六百里爲非牙哈總名烏稽又名魚皮因其衣魚皮食魚肉爲生故名其人不知歲月不知生辰死以片錦裹屍下棺以木架插於野置棺木架上俟將朽乃入土地不產五穀出魚皮及貂皮元狐黃狐海螺黃鼠灰鼠水獺近混同江江中出石砮相傳松脂入水千年所化有紋理如木質紺碧色堅過於鐵土人用以礪刃名爲昂威赫卽肅愼氏所貢楛矢石砮是也水中產五色石水瑪瑙用以取火絕佳每歲五月間此三處人乘査哈船江行至甯古塔南關外泊船進貂將軍設宴並出戶部頒賜進貂人袍帽靴襪挺帶汗巾扇子等物各一束賜之每人名下擇貂皮一張元狐全黑者不可多得一歲不過數張須進

上餘聽其貿易所賜之扇不知用漢人以雜物易之最喜大紅盤金蟒袍及各色錦片妝緞所以衣魚皮鞾熟可染五色糯米珠並銅錢嚮鈴黑斤人留髮梳髻耳垂大環四五對鼻穿小銀環所產貂皮第一富者多以鵰翅蓋屋貂皮爲帳爲裘元狐爲帳狐貂爲被褥非牙哈亦留髮男婦不著褌耳垂大環鼻

穿小環所產貂皮畧次以樺皮爲船容一人用兩頭槳如出海捕魚則負至海邊置水中遇風便歸呼兒喀則雜髮男人帶環者少所產貂鼠爲次惟黃狐黃鼠魚肉乾頗佳此三處俱無官長約束爲人愚而有信義有賒買人紬緞蟒服者買人擇黑貂爲式約來年取償必如期償之有他故亦必託人寄至其不爽約如此又勇不畏死一人便能殺虎上愛其勇賜以官爵時以減等流徙者賜之爲奴如是者數年令從呼兒喀遷至甯古塔又遷至奉天又二年令八都今名衣扯滿洲者卽此滿語謂新爲衣扯猶云新滿洲也滿書譯爲衣扯曰義氣者漢音之訛也賜以官爵亦不知貴將軍嘗謂有爵者曰今已有官須學官樣一體上衙門次日有官者相約至有戴笠者有負叉袋者有跣足者見者無不大笑將軍命坐卽以叉袋墊地坐雖衣大紅蟒袍其叉袋仍負於背不稍去以以便買物也後命進京有不願者聽歸本土數百家聚於郊外送別哭聲震天男婦相抱親臉喞喞有聲近於都中見之禮貌言談亦幾與滿漢無異矣

吉林東北有和眞斐雅喀部其人濱海而居剪魚皮爲衣裙以捕魚爲業去吉林二千餘里卽金時所謂海上女眞也

仁廟許其世娶宗女命改汚習至今其部落歲時至吉林納聘將軍卽買民女代乘以紅輿贈以厚奩其部落甚尊奉之嘯亭雜錄四

黑津名目不一琿春東南濱臨南海一帶者謂之恰喀爾三姓城東北三千餘里松花江下游齊集以上至烏蘇哩江東西兩岸者謂之赫哲齊集以下至東北海島者謂之費雅喀又東南謂之庫葉齊集地名

也恰喀爾隔年一次至烏蘇哩莽牛河三姓派員收納貢皮九十張須給賞物齊集以上者俱赴三姓城交納齊集以下者俱在三姓城東北三千里德勒恩地方三姓派員收納此三項黑津每年共納貂皮二千六百餘張所有賞賚蟒袍妝緞綢緞布疋諸物例由三姓每年派員赴

盛京領來分賞又烏蘇哩江口松花江下游黑津私下貿易常於冰凍後以數狗駕車而來捷如奔馬性嗜酒貪小利奸商能懂黑津話者交易換貨其利倍蓰每以粹椒水攙燒酒換去盛瓶攜於狗車或瓶破而

酒涑不灑喜出望外猶慼奸商之情其蚩蚩之性如此吉林外紀八

黑津捕打爲食夏衣魚皮冬衣犬鹿皮未嘗食粟山內產葠不知刨採有偷挖人葠者稱爲黑人十百爲羣馱負糧布竄入其中呼朋引類約有千餘人搭蓋窩棚招集黑津丁勇與之衣食令其認採葠枝安享漁利據其家室姦盜邪淫無惡不作嘉慶年將軍賽沖阿奏派副都統松箖色爾滾帶領官兵一由甯古塔磨刀石長嶺子一由三姓烏蘇哩江尼滿口分路入山搜查焚毀窩棚拔棄窖糧將偷挖人葠之黑人

窮搜盡逐趕至距甯古塔二千五百八十五里蘇城一帶出山時適逢大雪至八九尺黑人無處躲避雪埋過半凍死多人姦邪之報其應如響同上

自伯利東北行一千二百餘里至阿吉大山以上沿松花江兩岸居者通稱黑斤亦呼短毛子約五六千人其男皆剃髮女未字則作雙髻已字則爲雙辮鼻端貫金環語言多與

國語同衣服亦悉如制度惟喜紫色袖口束以花帶貫二三寸足著魚獸皮烏喇自膝至踝或剪色布或剪魚皮爲花下連烏喇爲靴男人亦多戴耳環無文字

削木裂革以記事不知歲時朔望問年則數食達巴哈魚次數以對夏捕魚作糧冬捕貂易貨爲生計捕魚以網以鈎舟曰幾喇皆用婦女搬槳捕貂下箭如弩貂動其繩射之百不失一射鼠鹿狐貉水獺皆然以數犬駕木架如舟形長一丈一二尺寬一尺餘高如之曰狗扒里雪甚則拖踏板於足下寬一二尺長四五尺底鋪鹿皮或堪達韓皮令毛尖向後以釘固之持木篙撐行雪上不陷上下尤速冬夏所止之處取樹皮或草爲小屋有安口原註樺皮爲之捕魚住搓羅原註草蓋圓棚捕魚住傲荷原註冬行晚宿所住或布或樹皮爲之胡莫納原註樺皮小圓棚夏

捕魚住麻依嘎原註不剃髮黑斤捕小魚棚阿吉囔莽原註行船時晚宿岸上布
棚刀倫原註同上諸名皆居草房在江沿有煖炕門置晾
魚木架得魚則劃爲四片晾之不識金銀錢穀之利
富者蓄蟒緞羔皮以自侈間有藏先代所遺甲胄及
昔年充鄉長姓長官給頂戴文憑者喜飲酒醉則出
其所有誇耀於家人鄰里前子弟遠行或自外歸皆
右執壺左捧杯請父母兄嫂坐依次跪進一巡再酌
則父母兄嫂僅各一沾脣令子弟自飲以咀親子弟
兩頰爲歡親戚往來以抱見爲禮見官商則皆跪拜
好淡巴菰不醫藥惟事跳神祈禳刻木奉先置柩頭

歲久則送入林中更刻木肖鷄鴨狗貓形又爲八騎馬形盛以木匣藏於家名曰額奇赫亦曰摟温冬入山捕貂則出懸林木上殺豬奠酒而跪祝之又以銀或鉛爲二小人長寸餘挂胸前專稱額奇赫有事設座設奠祈福佑甚驗又刻木爲熊虎形置林中家有病或喜事則抱置柩上陳飲食禱訖送原處又刻木爲人形曰喀勒喀馬夏得青黄魚則焚僧克勒香陳飲食而敬之專稱摟温親喪則子剪髮尖夫喪則妻纏白巾衣藍縷聘娶男攜酒壺入女家先飲後議銀數上者以綢緞羔皮代次者以布女與父母俱允即

同宿一夕再約朔送女不親迎生子無論冬夏皆用
冷水沐浴忌出痘一人偶發合屯皆徙避或送出痘
之人於林木中爲小屋居之愈然後歸其一姓一鄉
各有長有不法不平事則報姓長鄉長集干證公議
處置其法殺人者死餘則視罪之大小定布帛服物
之多寡令理屈者出之名曰納威勒至十頭爲止約
至銀數兩至百兩以内公議云然兩造心服姓長鄉
長始以杖叩地遂成鐵案否則再議有至數日數月
不能決者婦女用布一幅曰勒勒自喉下至膝下寬
以蓋兩乳爲度腰以上剪色布或魚皮爲花貼之腰

以下用銅片圓徑一寸及二寸許者共二十餘枚各鑿雲紋孔呼曰空盆以次垂布上富者用繩串珠貧者貫銅叩繫勒勒於頸後走則丁冬有聲以好潔爲貞考通志有額登克喇當統此輩而言特今不披髮耳向至三姓進貂自入俄界後俄人俾喇嘛感以天主之說累令改裝賴華商維持其閒不從近有二三人通俄語俄服充通事以誘羣輩者曹廷杰中俄圖說

自阿吉大山順松花江東北行又西北行共約八百餘里至黑勒爾地方以上沿江兩岸居者通呼長毛子約二三千人風俗習尙與薙髮黑斤同惟語言各

異男不剃髮垂辮染濟勒彌俗以弄熊爲樂遂分兩
類通志自甯古塔東北行千五百里居混同江黑龍
江兩岸者爲赫哲喀喇又東北行四五百里居烏蘇
里混同黑龍三江匯流左右者曰額登喀喇其八披
髮鼻端貫金環衣魚獸皮陸行乘舟或以舟行冰上
駕以犬所謂使犬國也其語言與窩集異無文字筆
墨裂革以記事如古之結繩然地產貂又曰自甯古
塔水路至其部東北界共四千五百餘里今以里到
按之猶合特昔稱額登喀喇今區薙髮黑斤與此不
薙髮黑斤爲兩地耳向至三姓貢貂後至賞烏綾木

城處穿官今入俄界情形與薙髮黑斤同同上

自黑勒爾以下西北行又東行南折至海口共約六百餘里松花江兩岸舊爲費雅喀人所居今則合俄倫春奇勒爾二族凡遷居江沿者統稱濟勒密凡四五千其男不剃髮女未嫁則束髮垂背如椎出嫁則合雙辮横束腦後語言又與不剃髮黑斤異俄倫春奇勒爾二族凡遷居江沿者統稱濟密又能各爲本部語言與濟勒彌異亦無文字醫藥不知歲時朔望生計習尚半與黑斤同常夏乘小舟至海島及各處河汊冬乘扒里至索倫河以南俄倫春奇勒爾諸地

貿易每家畜犬數十頭以備使用擇其力衰性劣者食肉以衣其皮夏月亦不去身喜弄熊呼曰馬發多以重價購養聚鄰里親朋射殺爲懽雖百里外亦多至者原註其俗造室落成或遷居則射狗熊封江時出門捕牲或貿易合屯公爲大祭則射馬熊用木雕槽如舟長六七寸寬三四寸曰俄通客圓如鉢者曰格當淺如椀者曰木椀蘇先食熊頭於野以敬長老餘則皆聚食於家出胸佩木人家藏木像奠之婦女惟食熊髀身不淨者遠之食畢仍藏木椀於林中或岩下家備恐有不祥近來食麻勒特魚亦然親喪則削木擬像但具口眼衣以熊皮置柩頭飲食必以少許供口內亦備衾褥以安寢夫喪妻亦如是增繫一犬於木像旁待積數棺安葬方終喪遂從西勒彌俗又刻木爲二小人

長二寸許挂於身有事祈禱多驗又有木刻熊蛇猩猩等像無搜溫喀勒喀馬諸名跳神乂媽能於密室令人見星月又以皮條長數丈許置壁隙使幼壯數十室中執之皮条由壁隙自行出外幼壯不能挽戶外亦闃其無人喜菸酒婚嫁亦如黑斤性不好潔面垢不知洗衣垢不知澣門前皆有晾魚木架夏月過之魚腥犬矢氣味極惡

國初興庫葉島各族至阿吉上三百餘里莫爾氣對岸賞烏綾木城處受衣物服飾之賞名曰穿官後亦貢貂又此輩自述二十年前每年渡海至西山國穿官

原註黑斤濟勒彌人等呼日本爲西山國即以木城所受衣物服飾貢於其國其國命官至所止海濱賞黃狐水獺白貂諸皮彼此授受俱跪擕皮回家俟明年木城穿官賫之亦至三姓城自羅刹來不許我等穿官見木像則焚見弄熊則阻又欲我等截髮易服實不願女人畏忌更甚惟望

大國如數百年前將羅刹盡驅回國方幸據此則費雅喀地曾隸日本證以蘇城溝古城雙城子殘碑覺日本夙稱北征五十餘國亦非無因且康熙初羅刹與費雅喀人戰

朝廷屢遣兵征之至今傳聞不失其實猶見
祖宗之流澤長矣其人皆敬畏華商云同上
烏蘇里江兩岸約有黑斤四五千人語言衣服生計
習尙半與伯利下剃髮黑斤同近與華人久處遂變
華俗謹守溝規一聽華人之命惡俄人甚嚴但不知
耕種惟喜捕牲捕鹿其性又有殊耳同上以上地

吉林通志卷一百二十二

志餘下

高廟初滿洲軍尚寡時董鄂温順公何和哩爲琿春部長兵馬精壯雄長一方

上欲藉其軍力延置

興京款以賓禮以公主妻之乃率兵馬五萬餘歸降薩爾滸之役卒敗明師者皆公力也其前妻聞其尚主怒掃境出與戰

高廟面諭之然後罷兵降今襲世爵者皆公主所出其前妻所生不許列名國語呼爲額赫媽媽譏其鮮德讓風

也

直義公費英東瓜爾佳氏爲蘇完部長

國初首先歸順病終時有侍衛某乞假歸里回

興京路遇大風霾某下馬伏地見風中火燄烈然有數百小虵附風而行已而見巨蟒徑如甕某方慴慄聞巨蟒呼曰汝非某侍衛乎吾乃費英東之魄本由翼宿降生今歸本垣汝歸奏

聰睿貝勒勿以吾爲念也語畢蜿蜒而去風息侍衛歸公薨已二日矣同上

舒穆祿武勳王揚古利以開國功封王尙主爲異姓

功臣冠晚年從
文廟征朝鮮大捷後巡視山谷大霧中伏弩而殞按北齊書
韓賢破木蘭後檢閱甲仗有餘賊藏屍邊待賢近舉
刀斫之中脛而卒與王事類同上
文襄公圖海馬佳氏輔翊
世祖
聖祖功業卓然初爲中書舍人負寶從
世祖於南苑
上心識之立授內閣學士不數年洊至大學士康熙初奏茅
麓山之捷甲寅冬吳三桂既叛察哈爾復蠢動

聖祖召公授以將印時禁旅皆南征宿衛盡空公奏請選八旗家奴之健勇者得數萬人公令異日聚德勝門是日黎明公至教場檢閱甫畢疾趨以行不許夜宿每至州縣村堡令家奴掠之獲金寶無算不數日抵察哈爾下令曰前此所掠皆士庶家不足爲寶今察哈爾承元後數百年之基珠玉貨寶不可勝計汝等終身富貴在此行也衆踴躍夜圍其穹廬察哈爾部長布魯額不及備擒之公分散財帛奬勵士卒而歸

陛見時

仁廟責其擄掠宣府等郡縣以有司劾章示之公謝罪曰臣

實無狀然以輿儓之賤禦方强之敵若不以財帛誘之何以得其死力然

上待臣奏績而後責之實

上之明也

聖祖大悅曰朕亦知卿必有爲也同上

英誠公愛星阿揚武勳王孫也偕吳三桂入緬擒獲明桂王由榔有功任領侍衛內大臣初索額圖相國以椒房擅寵太傅明珠時爲侍郎因結索公見知於

聖祖愛公謂索曰吾覘明公材智在君上今雖因君見用志有所畏懊蓋忌公也他日齮齕公者必明索不悟後

明珠援引高江村徐健菴輩爲黨索爲所擠落職抑
鬱以終如愛公所料嘯亭雜錄五
索額圖明珠並相權勢相侔互相仇軋後索以事伏
法明爲郭制府琇劾罷天下快之然二相皆有絕技
索好古玩凡漢唐以來鼎鑊盤盂眞贋見之立辨無
敢欺者明好書畫凡居處無不錦卷牙籤充滿庭宇
時有鄴架之比云同上
索相性貪下屬多以賄進然有謀略三逆叛時料理
軍書調度將帥皆中肯綮吳逆患之密遣刺客刺之
公正秉燭治軍書見一修髯偉貌者立其傍問曰汝

得非吳王刺客乎客長跪顙首索曰然則取吾頭客曰若果害公早取公首去不待公命也吾至㫰久見公批示軍機咸如親見料理軍書竟夕不寐眞㫰相也某雖愚豈敢刺㫰相因反接請死索笑揮之去次日投索邸中爲奴執役甚恭索驅使無不如意後索下獄潛入獄饋飲食及索伏法客料理喪斂事畢痛哭而去不知所終同上

康熙中滿洲科臣圖爾泰葉赫巨族也與明珠同族不善其所爲嘗劾奏滿臣權重漢六部九卿奉行文書而已滿人謦欬無敢違者殊非立政之體以忤權

臣謫黑龍江素尙理學於戍所自置周程四先生祠朝夕禮拜人笑之不顧也亦可覘其行矣同上

康熙二十年吳江吳漢槎兆騫自甯古塔歸京師駐防將軍安某者老將也語之曰子歸可語史館諸君昔王師下江南破揚州時吾在行間親見城破時一官人戴巾衣鞶騎一驢詣軍營自云我史閣部也親王引與坐勸之降以洪承疇爲比史但搖首曰我此來只辦一死但慮死不明白耳王百方勸諭終不從乃就死此吾所目擊者史書不可屈卻此人云池北偶談七 按將軍安珠瑚也別見王燕緒所作安將軍行狀狀云後明史館行文問史可法事蹟公一一答之

公出視田地與佐領薩布蘇偕偶見水中一鶩命薩
射之而中一鮎公熟視曰汝若中鶩當居文職極品
今觀此魚之象汝必立功絶域官武職一品後薩果
爲黑龍江將軍統兵征鄂羅斯竟如公言又嘗至甯
古塔東岡曰此處用犂耕之必生好草可以牧馬從
行者未之信也公命耕之未幾果生好草其多識如
此新開門奉天西邊門也邊軍欲於高埠處駐扎公
曰此地三十年後必成水渠使遷他所時康熙十九
年也至五十二年果忽大水成渠千總王振武歎曰
昔日安將軍所云吾等皆不謂然今果如其言將軍

眞神人也王燕緒撰安珠瑚行狀

大學士謚文襄圖海公既定平涼軍中論功取諸將偏裨士卒記功牌報部記過牌悉聚焚之不以語人其厚德如此子諾敏今爲刑部尚書人以爲陰德之報池北偶談九

蔣大鏞字和叔無錫氏道光甲辰進士官奉天府治中隨大臣勘事吉林先是吉林將軍等私以庫金寄市權子母事頗覺大臣馳至即閱庫君請勿發封驗視戒俟三日後詳閱大臣允之日不發封焉知不受給耶君曰某固知受給也今其金多在市倉卒窮治

之則將軍以下罪皆死而金不復還庫矣貰期三日金數十萬可盡歸也越三日復闘庫果如君言大臣以是服君智略奏聞將軍以下得減罪遣戍然皆感君甚頻行集金數萬爲餽贐君峻卻之曰吾爲國家保鉅帑也敢有私哉薛福成庸庵文編三

田雲漢字朗照以醫名吉林其先籍山東濟南府之齊東遷吉林數世矣父業儒而精鍼炙雲漢傳其術益求之古今言醫者殫精十載其學大成某將軍患失血喉痺醫者進以苦寒涼解之品瀕危矣延之往曰陰虛於下陽格於上此陽症而假者也用桂附薑

甘等味下咽即效數日痊理事同知某患傷寒肢如冰喘促肩搖脈伏欲絕醫以陰症治雜用桂附薑參不效延之往曰此陽極似陰內陽阻閉而外現陰形飲以大承氣湯然後投他劑尋愈又某幕客患大汗不止煩燥口渴面赤氣短危在斯須醫者以益元生脈之品進患如故延之往曰脈洪大而無力此亡陽也用峻劑薑附回其陽陽回當顧陰否則陽且脫因繼以補陰留陽之劑遂痊其精於辨症多類此一士人患頭脹浮大形乃如斗延數月醫不能治舁以求診曰頭爲諸陽之首而肝會在顛肝氣乘風勢上繞

虛空雖患必不痛對曰然然則無以爲診也鍼之三立消由是稱良醫者莫不曰田先生而貧無力者或就診或延以往立方予藥並其直不取卒年八十有七子姓多世其業云

卜鳳翔伊通州人年今六十有奇兄弟六人子若猶子二十一人諸孫二十八人羣從子孫又數十人自其始遷祖進良逮鳳翔七世自鳳翔逮其孫行凡九世矣同居無閒言

王七長春人耆者也宗人十餘戸田百畝内外不等七田四百畝有奇因約宗人并爲公田通力合作十

餘戸凡百餘口皆同爨飍則儲備歉歲充紬無所見

而出入熙熙鄰村多樂而法之

張八和長春逆旅主人或舍焉遺楮錢二百餘吊遣

追其人既還徵其數而合悉歸之雖薄勞追者亦不

令受

傅清隆吉林六道荒人年百二歲何醫者失其名長

春四馬架人年百八歲此謂壽民者也旌典所予而

五世同堂者亦予旌因類志之色佈欽阿勒楚喀人

隸滿洲鑲黄旗年八十歲見元孫焉

賜匾及銀幣張清瓚吉林由義社人年八十二歲亦五世

同堂

李氏吉林誠信社田永起之妻吳氏吉林永智社降震之妻並年百歲張氏伊通州尙禮社孫芳之妻年百一歲劉氏長春于鏡祥祖母年百七歲鏡祥子患痘傳染而沒馬氏吉林南天門屯姜某之妻年百二歲五世同堂孫氏長春恆裕鄉王鐸之妻年九十歲張氏長春撫安鄉田振之妻年八十七歲並五世同堂

吉林城內雍正年間有壽婦石熊氏年九十餘家道殷實好善樂施無子嗣將住宅改爲功德院遇冬貧

民老幼癈疾無衣食者往功德院依歸晚間熱炕日
飼粥飯至四月初一日爲止石熊氏壽至百齡生前
將家有良田盡施於功德院招德行僧經管永遠奉
行迨石熊氏身後僧與貧民咸感其德即於功德院
殿之西隅另建一間塑像奉事香火相沿至今遇冬
貧民赴同知署掛號送功德院收養又相傳乾隆五
十六年四月二十日城內火災甚熾逼近功德院八
力不能撲救該僧與鄰人徬徨失措忽院內有一老
嫗白髮蕭蕭曳杖迎火而前顧謂救火人曰功德濟
人天所佑也言訖遂不見頃刻間反風火滅功德院

無恙噫一婦人之善念周濟貧民感動人天雖無子嗣香火不絕宜乎有靈死且不朽吉林外紀八以上八

金初國俗有被殺者其親族繫刃杖端與衆至其家使巫歌而祝之曰取爾一角指天一角指地之牛無名之馬向之則華面背之則白尾橫視之則有左右翼者其聲哀切悽惋若蒿里之音旣而以刃畫地取畜產財物而還其家一經詛祝家道輒敗金史

自黃龍府東行二百十里至古烏舍寨寨枕混同江湄寨前高岸有柳樹沿路設行人幕次於下金國太師李靖所居靖累使宋朝此排中頓飲食精細時當

仲夏藉樹蔭俯長江槃礴少頃殊忘鞍馬之勞奉使行程錄

近咸州一里有幕室數間供帳略備州守出迎就坐有腰鼓蘆管琵琶方響箏篥笙箜篌大鼓拍板舞者六七十人但如常服出手袖外周旋曲折酒五行歸館次日中使賜宴赴州宅就坐樂作酒九行豬鹿兔雁饅首炊餅白熟之類鋪滿几案最重油煮麪食以蜜塗拌名曰茶食非厚意不設以極肥豬肉或脂闊切大片一小盤子虛裝架起間插青葱名曰肉盤子非大宴不設人各攜以歸舍同上

舍音爲會甯牧海陵獵於哈勒琿水舍音徧立圍場凡平日不相能者輒杖之金史
大定二十五年世宗幸上京召見百二十歲老人賜帛大金國志
混同江之北地不生穀麥所種止稗子金主聚諸將共食則於炕上用矮檯子或木盤相接人置稗子飯一椀加匕其上列以虀韭長瓜皆鹽漬者别以木楪盛豬羊雞鹿兎狼麂麞狐狸牛馬鵝鴈魚鴨等肉或燔或烹或生臠以芥蒜汁清沃陸續供列各取佩刀臠切薦飯食罷方以薄酒傳杯而飲謂之御宴者亦

如此既還乃令諸郎君家各致酒殽請南使赴飯十餘日始造國書適經元日隔夕令人具車仗召南使赴宴淩晨出館赴帳前金主於炕上設金裝交椅而坐羣臣以名馬弓矢劍槊爲獻且曰臣下有邪謟奸佞不忠不孝者願皇帝代上天以此劍此弓誅之各跪上壽杯國主酬酌之次令南使上壽杯於國主飲畢國主親酌二杯酬南使且云我家自上世相傳止有如此風俗不會奢淫更不别修宫殿勞費百姓也當時已破上京取到樂工列於屋外奏曲薦觴金主不以爲意殊如不聞又擴隨金主打圍自拉林河東

行每旦金主於積雪中以一虎皮背風而坐諸將各取所佩箭一枝擲占遠近各隨所占左右上馬放所部軍馬單行每騎相去五七步接續不絕兩頭相望及一二十里俟放圍盡金主上馬去後隊一二里立認旗以行兩翼旗兵視旗進趨凡野獸自內赴外者四圍得迎射外赴內者須主將先射凡圍如箕掌徐進約三四十里近可宿之處即兩梢合圍漸促須臾作二三十匝野獸迸走或射或擊盡斃之取火炙啗騎散之宿處金主言我國中最樂無如打圍其行軍布陣大概出此北盟彙編四引茆齊自敘

道君北狩在五國城或在韓州凡有小小凶吉喪祭節序北虜必有賜賚一賜必要一謝表北虜集成一帙刋在榷場中博易更有李師師小傳同行於時貴耳集下

金國熙宗亶皇統十年夏龍見御寨宮中雷雨大至破柱而去亶大懼以爲不祥欲厭禳之左右或以爲當肆赦遂召當制學士張鈞視草其中有顧茲寡昧及眇予小子之言文成奏御譯者不曉其退託謙沖之義乃曰漢兒彊知識託文字以詈我主上耳亶驚問故譯釋其義曰寡者孤獨無親昧者不曉人事眇

爲瞎眼小子爲小孩兒亶大怒亟召鈞至詰其說未及對以手劍剺其口棘而醢之竟不知譯之爲愚爲姦也其年亶弑亮於登寶位赦暴其惡而及此岳珂程史

十二

大烏稽古名黑松林樹木參天槎枒突兀皆數千年之物緜緜延延横亙千里不知紀極車馬從空穿過且六十里初入烏稽若有門焉皆大樹數抱環列兩旁洞洞然不見天日惟秋冬樹葉脱落則稍明凡進烏稽者各解小物懸於樹上以賠神中多峻嶺巉巖石徑高低難行其上鳥聲啁啞不絕鼯鼪貍鼠之類

旋繞左右略不畏人微風震撼則如波濤洶湧颼颼
颭颭不可名狀嶺下臨澗澗水淙淙然音韻極幽閴
甯古塔
紀略
船廠設於順治十八年昂邦章京薩兒吳代造船於
此所以征阿羅斯也而萬季野以爲即明永樂間船
廠余聞前省中陳敬尹曰吾初至小烏喇尙無造船
之命而穿井輒得敗船板及鏽鐵釘又井水或鐵臭
柳邊
紀略
冷山宋忠宣公皓所居余於必見漢必拉北望相去
約數十里積素凝寒高出衆山之上土人呼爲白山

以其無冬夏皆雪也扈從東巡日錄昌末逊邏原註郎俄
莫賀索落站東北二百餘里爲冷山同上
甯古塔之名不知始於何時甯古者漢言六塔者漢
言箇相傳有老者生六子遂以名其地同上
邊外多山戴沙土者曰嶺如歡喜嶺盤頭嶺之類戴
石者曰拉亦作𥗽如拉伐必兒漢必拉之類平地有
樹木曰林如惡林王家林之類山間多樹者曰窩稽
亦曰阿㦰
盛京志作窩集
實錄作兀集秋笳集作烏稽如那木窩稽色出窩稽朔爾賀

綽窩稽之類瀑布曰發庫平地曰甸子亦作佃子如寬佃子張其哈喇佃子之類坡陀曰阿嬾山之銳者曰哈達如山陰哈達之類同上

虎爾哈河即鏡泊下流金胡里改江也闊二十丈其水色白味甘飲之益人精力或曰瀀水也同上

甯古塔西八十里有大石曰德林在萬山中廣二十餘里袤百餘里其平若砥色或青或黑或紺或若龜文或若羊肚又復嵌空玲瓏馬蹏鼕鼕然若行鼓上而曲池橫沼志所稱如井如池者莫不凍魚鱉焉同上

自混同江至甯古塔窩稽凡二一曰那木窩稽曰色出

窩稽那木窩稽四十里色出窩稽六十里各有嶺界其中萬木參天排比聯絡間不容尺近有好事者伐山通道乃漏天一綫而樹根盤錯亂石坑呀秋冬冰雪凝結不受馬蹏春夏高處泥淖數尺低處匯爲波濤或數日或數十日不得達蚊蝱白戟之類攢嘬人馬馬畏之不前乃焚青草聚煙以驅之夜據木石燎火自衞山魈野鬼嘯呼墮人心膽餒則咽乾糧糧盡又或射禽獸燒而食之同上

邊外文字多書於木往來傳遞者曰牌子以削木片若牌故也存貯年久者曰檔案曰檔子以積累多貫

皮條挂壁若檔故也然今之文字書於紙者亦呼為牌子檔子矣同上

甯古塔地不計畝而計晌晌者蓋一日所種之謂也約當浙江田二畝零一夫種二十晌晌收穀自一石至二石以土之厚薄為等殺穀凡十種曰稗子曰小麥曰大麥曰粟原註小米也曰秫原註黏穀也用以造酒曰黍原註大黃米也作餳亦可為酒曰稷原註糜子米也宜酒亦可為食曰高粱原作蜀黍也曰蕎麥曰穬麥原註鈴鐺麥也而以稗子為最非富貴家不可得隹者晌價十兩稗子穀石五兩小麥石三兩大麥石二兩五錢粟秫麥稷高粱蕎麥石各二兩穬麥石一

兩三錢凡一石可當通州倉二石五斗此已巳庚午間糧價也同上

陳敬尹爲余言曰我於順治十二年流甯古塔尚無漢人滿洲富者緝麻爲寒衣擣麻爲絮貧者衣麅鹿皮不知有布帛有之自余始余曾以疋布易稗子穀三石五斗有撥什庫某得余一白布縫衣元旦服之人皆羨焉今居甯古塔衣食麤足則皆服紬緞矣同上

已巳余家童黑子隨愛渾牛彔章京崔尚信江行一日結伴八人駕威弧將登岸圍獵波浪作威弧覆同伴劉撥什庫等三人死黑子等五人以救免先是尚

信烏喇起行之夕夢吏將文書一函露封令尙信投愛渾將軍尙信探視之朱書不可辨以問吏吏曰無他取多洪拉發三人耳尙信疑畏者久之至是乃恍然蓋死者皆多洪拉發人也同上

邊外驛站相去不一或百里或百餘里或七八十里七八十里者三九月間亦必走馬竟日乃得到行稍遲或冬月日短發不早鮮有不露宿者土人謂之打野營露宿必傍山依林近水草年少而賤者持斧伐木燎火自衛或聚石爲竈出銅鍋作粥人持一木椀啜之雨雪至無從避披裘凍坐而已同上

每站設筆帖式一原註俗呼幫識撥什庫一原註俗呼千總莊頭一小頭一壯丁不爲限大抵業農賈小頭者役於撥什庫者也莊頭者管壯丁者也撥什庫專司應付筆帖式登記檔案以體統言之筆帖式有印若尊於撥什庫而派軍馬草料則不敢侵其權是以一站之人惟撥什庫是畏前此每站居人多者數百家少者數十家今愛渾將軍盡撥壯丁爲水手工匠而山東西與京東之流寓者奉天將軍又復驅之入關存者不過十餘家而站廢矣同上

十年前行柳條邊外者率不裹糧遇人居直入其室

主者盡所有出享或日暮讓南炕宿客而自卧西北炕馬則煮豆麥剉草飼之客去不受一錢他時過之或以鍼綫荷包贈則又煮乳豬鵝雞以進蓋是時俗固厚而過客亦不若今日之多也今則走山者以萬計蹤跡詭秘倉卒一飯或一宿再宿必厚報之而居者非雲貴流人則山東西賈客類皆巧於計利於是乎非裹糧不可行矣然宿則猶讓炕炊則猶樵蘇飯則猶助瓜菜倘非中土所能及同上

甯古塔薪不須買二十年前門外卽是今且在五十里外必三四鼓蓐食往健者日致兩車弱者致一車

原註俗以伐木爲第一等勞苦每年冰雪中運一年之薪積於舍南若出二三月凍開不可運矣原註冬間合抱之木一二斧即剖十餘斧即斷他時則否富者奴任之貧者子若孫任之或無子孫則僱倩人間有買者大率二錢一車冬春所燒皆溼木然入炕則爇夏秋則不乾不爇矣同上

童子相戲多剔麞麅麋鹿前骹前骨以錫灌其竅名嘎什哈或三或五堆地上擊之中者盡取所堆不中者與堆者一枚多者千少者十百各盛於囊歲時間暇雖壯者亦爲之同上按鹿踠腕骨滿洲語曰羅丹

甯古塔人每年一次往高麗會甯府互市以八月然

命下遣官監視每年十一月方行市會甯者多以革皮襖布疋往易牛馬紙布甕鹽而書特貴康熙初姚琢之以明季遺聞易牛一頭上同

宗室人葠過山海關皆有定額額外人葠照例每斤納稅六錢上同

凡走山者山東西人居多每歲三四月間往九十月間歸其死於飢寒者不知凡幾走山刨葠者率五人爲伍中推一人爲長號曰山頭陸行乘馬水行駕威弧沿松花江至諾尼江口登岸覆舟山谷間乃入山相上山頭坐而指揮四人者剝樹皮爲窩棚又擇一

入樵蘇夜則燎火自衛曉食已人攜小刀一火石包一四尺長木鑱一皮袋一隨山頭至嶺受方略認徑路乃分走叢木中尋薓子及葉得則跪而刨之山頭者時時立嶺上作聲以呼其下否則迷不能歸矣日暮歸窩棚各出所得反山頭乃洗剔而煮貫以縷懸木而乾之日惟曉夜再食糧盡則五人均分而還同上

北海唐祭於格州宋祭於孟州順治康熙間祭於河南濟源縣後以都察院副都御史徐元珙言改祭於混同江上同上

吉林之地城郭皆無磚石環木柵二三里即謂之城

柵內八旗兵所居士大夫遷謫者亦居其中餘皆散居各屯八旗非盡滿洲人各因其種落爲俗漢人則十三省皆有之亦各自爲俗桐城方拱乾謫居甯古塔歸作紀畧言其地道不拾遺百里往還不裹糧不購芻秣不行銀錢以粟布交易牛躪人田則償其直雖章京不免此

國初醕樸之俗近聞漸不如初聖武記一

吉林太陽出入時刻大抵春分六日後視京師出漸早入漸遲此晝之所以長於京師也秋分六日後視京師出漸遲入漸早此晝之所以短於京師也至一

歲節氣視黑龍江時刻漸早視奉天時刻漸遲如道光元年新正二日立春吉林巳正初刻十四分黑龍江巳正一刻一分奉天巳正初刻一分觀此可以驗天時矣吉林外紀八

吉林通省琿春獨暖地近海隅日出早見得陽氣之先也伯都訥半屬沙漠四時多風春風尤甚或竟日不息軍民不燃竈火鑪爨爲食三姓最北至寒其餘各城風景相同琿春之暖亦不似內地酷熱當風交扇猶然雨汗淋漓也不過稍暖於諸城而已同上

松花江每歲十月堅冰可行重車然雖極寒向陽處

終有冰孔立春後冰孔乃全實故刨僈人於正月內方沿冰用爬犁送米入山至清明節前後冰泮但二月清明則冰解反在節前三月清明則冰解反在後歷驗不爽其理殊不可解同上

東三省向例五年

遣使按臨各城查閱錢糧倉庫點驗軍裝器械馬匹總在冬季往返跋涉不勝其累不但驛站疲於奔命而各城供給竟至一二年不能彌縫其闕嘉慶二十三年將軍富俊條奏以各城既有虧空計巡閱之年早爲借備齊全盤查誠爲故套勞兵傷財於公事無益請停

止責成三省將軍隨時稽查不拘年限出其不意
欽派盤查庶得實濟奉
旨嗣後該三省屆期巡查之例俱著停止奏派吉林外紀八
吉林省副都統年班進京例應二員如遇將軍年班
副都統亦去一員道光六年將軍富俊條奏長途往
返耽延時日署缺之員未免存五日京兆之見於公
事無益奉
諭褒嘉准自本年爲始應值將軍年班副都統即無庸進京
如值副都統年班亦祇須輪替一員進京無庸二員
年班以重職守同上

查閱高麗例由京禮部派通官二員行文吉林甯古塔每年輪派佐領防禦筆帖式各一員吉林甯古塔每旗派領催各一名甲兵各二名官莊派領催一名壯丁十五名每年臘月初旬帶同通官赴額穆赫索囉會齊前往到高麗地方會甯城其城在東山坡主鎮官郊迎至鼇山公館設宴款待極爲恭敬例應進牛一百三十四頭分給吉林甯古塔協領十員各一頭吉林官莊二十三頭甯古塔官莊二十頭吉林八旗每旗各三頭奉差之佐領四頭防禦三頭筆帖式二頭通官二頭每牛一頭應賞布七匹均於得牛名

下出給又三年一次赴清元地方會同琿春官員查閱貿易例應開市五日通商貿易以其所有易其所無向來駕兒馬一匹易牛二頭走馬一匹易牛二三至四五頭不等其利倍焉偶遇天災倒斃亦多折本又高麗清心丸極爲靈驗近亦有通官自京帶來充售者也同上

五國城古稱五國頭城以地據五國總路之首得名後世沿訛但云五國城五國者遼史營衞志謂剖阿里國按滿洲源流考曰今譯改博和里盆奴里國源流考譯改博諾奧里米國源流考譯改鄂羅木越里篤國源流考譯改伊埒圖越里吉國源流考譯改伊

勒希設節度使領之屬黃龍府遺址今在何所無可考

乾隆中副都統綽克托築伯都訥城掘得宋徽宗所畫鷹軸用紫檀匣盛瘞千餘年墨迹如新又獲古瓷數十件並得碑碣錄徽宗晚年日記尚可得其崖略云於天會十三年寄跡於此業經數載始知五國城即此地（嘯亭雜錄四）

紅土巖地方在興凱湖西沿適中之地正南循鐵線道二百二十九里弱爲雙城子正北偏西二百里爲蜂蜜山由山西北行四百餘里抵甯古塔由山正東偏南行二百餘里至龍廟子其處爲興凱湖出口水

流一線曲折萬千輪船入湖道必經此有華人七八家對岸卽爲俄界紅土巖天氣和藹萬物發生比三姓每早半月循湖一帶曠野無垠皆有田壠舊迹湖周八百里與洞庭埒而冬夏不涸汪洋如舊蓋來源之遠大不及洞庭出口細小則比洞庭尤有含蓄也聞土人言前二十餘年有甯古塔獵戶孫某至紅土巖南見湖面浮出一人狀貌異常執戟四顧蒼黃入水旋有几筵殽饌羅列波心二人出坐對飲獵者以爲妖燃鎗轟之頃刻不見忽大雷雹以風湖邊斃一大魚是時獵者亦昏暈不知人間事甦以告人數日

死此事雖不經而亦足廣異聞云曹廷杰中俄圖說以上事

仲尼在陳有隼集於陳侯之庭而死楛矢貫之石砮其長尺有咫陳惠公使人以隼如仲尼之館問之仲尼曰隼之來也遠矣此肅慎氏之矢也昔武王克商通道於九夷百蠻使各以其方賄來貢使無忘職業於是肅慎氏貢楛矢石砮其長尺有咫先王欲昭其令德之致遠也以示後人使永監焉故名其楛曰肅慎氏之貢矢國語五

唐武宗會昌元年扶餘國貢火玉三斗及松風石火玉色赤長半寸上尖下圓光照數十步積之可以燃

鼎置之內室則不復挾纊才人常用煎澄明酒其酒亦異方所貢也色紫如膏飲之令人骨香松風石方一丈瑩澈如玉其中有樹形若古松偃蓋颯颯焉而涼飈生於其間至盛夏上令置諸殿內稍秋風颼颼即令撤去杜陽雜編

虜廷雜記所載晉出帝既遷黃龍府虜主新立召與相見帝因以金盌魚盆爲獻金盌半猶是磁云是唐明皇令道士葉法靜治化金藥成點磁盆試之者魚盆則一木素盆也方圓二尺中有木紋成二魚狀鱗鬣畢具長五寸許若貯水用則雙魚隱然湧起頃之

遂成鬒魚覆水則宛然木紋之魚也至今句容人鑄銅爲洗名雙魚者用其遺製也春渚紀聞九

宋崇道熙甯之間競尚北珠北珠者皆北中來榷場相貿易美者大如彈子而小者若梧桐子皆出遼東海汊中每八月望月色如晝則珠必大熟乃以十月方採取珠蚌而北方沍寒九十月堅冰厚已盈尺鑿冰沒水而捕之又有天鵞能食蚌則珠藏其嗉焉有俊鶻號海東青者能擊天鵞人既以鶻而得天鵞則於其嗉得珠焉北盟彙編二

遼人達魯古人釣牛魚以其得否占歲好惡馮道使

契丹詩曰曾叨臘月牛頭賜蓋遼主嘗以此魚享道也金時亦承遼制王易燕北錄云牛魚即南方鱘魚又牛頭魚頭如牛生東海中疑即遼金所釣馮道所賦詩者程大昌演繁露

遼統和九年八月壬午東京進三足烏大安四年正月五色雲出東方大如二千石囷司天孔致和謂人曰其下當生異人後爲金太祖受命之祥同上

有梁大使者先朝內侍也入館傳旨賜金蘭酒二瓶銀魚牛魚二盤牛魚出混同江其大如牛周麟之海陵集

源流考曰此即鱏鰉也宋人呼爲牛魚耳

紹興辛巳余爲祕書省正字正月迎䭾同館王十朋望見周麟之樞密目爲魚頭公問其故云前歲爲大金哀謝使虜主喜之享以所釣牛魚非舊例也樞公糟其首歸獻於朝故有此號金俗甚貴此魚一尾之值與牛同二老堂雜誌四

冷山去燕山三千里去金國所都二百餘里皆不毛之地乙卯歲有二龍不辨名色身高丈餘相去數步而死冷氣腥焰襲人不可近一已無角如截去一額有竅大若當三錢如斧鑿痕悟室欲遣人截其角或以爲不祥乃止松漠紀聞

北方苦寒故多衣皮雖得一鼠亦褫皮藏弆婦人以羊羔帽爲飾至直十數千敵三大羊之價不貴貂鼠以其見日及火則剝落無色也同上

高麗以北地名別十八華言乃五國城也其地極寒海水皆冰自八月即合直至來年四五月方解人物行其上如履平地站車往來悉用四狗挽之其去如飛其狗悉諳人性至站亦破狗分例稍不如儀必至嚙死其人癸辛雜識續集上

產珠之所曰碩達勒達至元十一年命於松阿哩江愛呼江採珠元史

余曾於六月中遘一蛇長三四尺以小刀斷爲三四頓刻即連又斷四五復接如舊行更速再斷之每斷用木夾擲牆外有懸於樹上者始不能連後有識者云此即續絃膏弓絃斷處以此膏續之膠固異常雖用之積久他處斷而接處不斷乃無價寶也甚爲惜之甯古塔紀畧

南門臨鴨綠江江發源自長白山西門外三里許有石壁臨江長十五里高數千仞名雞林哈答古木蒼松橫生倒插白棃紅杏參差掩映端午時石崖下芍藥徧開至秋深楓葉萬樹紅映滿江江中魚鮮肥而

多有形似縮項鯿滿名發祿滿洲人喜食之夏間最多又有一種生江邊淺水處亂石下者上半狀似蝲下截似蝦長二三寸亦鮮美可食祭
太廟必用此物亦有鱘鰉魚他如青魚鯉魚鯿魚鯽魚其最多者也同上
石壁之上別有一朗岡卽甯古塔鎭城進京大路一百里至沙嶺第一站有金之上京東門外三里有村名覺羅卽我
朝發祥地自東而北而西循城俱平原曠野榛林玫瑰一望無際五月間玫瑰始開香聞數里余家采爲玫

瑰饍土人異而珍之有果名衣而哈目克形似小楊梅而無核味絕佳草本紅藤生雜草中又有果名烏綠栗似橄欖綠皮小核味甘而鮮又有果名歐栗子似櫻桃味甘而酸俱木本小樹棃雖小味極美棃與葡萄製爲糕色味俱精此二種內地所無者山查大而紅亦爲餻人葠草本方梗對節生葉葉似秋海棠六七月開小白花八月結子似天竹子生深山草蘩中較他草高尺許土性鬆掘數尺不見泥若朽爛樹葉以八九月間者爲最佳生者色白蒸熟輒帶紅色紅而明亮者其精神足爲第一等醫家俱以白色者

爲貴名爲京蔓又謂其土不同故有此二種大謬凡掘蔓之人一日所得至晚便蒸次早曝日中曝乾後有大有小有紅有白非地之不同由力之足與不足也故土人貴紅而賤白蒸蔓之水復以蔓梗葉同煎收膏膏味亦與蔓味同人蔓子煎湯難產者服之即生產黃精桔梗五味子及雞骰磨姑木耳眞經菜極多而肥同上

城之西北十餘里名額富里又六十里卽舊城臨河河內多蚌蛤出東珠極多重有二三錢者有粉紅色天青色白色非奉

旨不許人取有兒童浴於河得一蚌剖之有大珠徑寸藏之歸是夕風雨大作龍繞其廬舒爪入牖攫取其珠而去風雨頓止同上

江之南有索兒河溪噶什哈必兒汗此處水極深上有崇崖插天其地背陰日光不到亭午亦不甚明爽然一至夜轉有光照石壁石壁皆紅土人甚異之一日漁人捕一青魚大盈車載以入城江右徐定生以青布一疋易之先取魚首煮之既熟剖得紅色珠如彈丸紅光猶寸許鬻之得百金後聞攜至京師復爲某王所得償以二千金此後石巖昏黑無光矣同上

鹽取給於高麗之會甯府離此七百里以江爲界甯古塔界雲樹參天高麗界白沙漫草相望里許無故禁往來每於十月奉
命到彼買鹽並貨物易牛馬紙筆扇鐵稻米各種稻米至甯古塔每升須銀二三錢惟讌客用之甯古塔西南地名紅旗街與高麗接壤頗近海今設官府其地出海參爲第一等同上

領票交蓡領票曰攬頭挖蓡曰刨夫市稱爲烏金行所住曰票房子領票赴山謂把兒頭每票一張發給腰牌四箇卡倫驗明放行帶領十餘人爲一棚從前

放票千有餘張漸因出蔓較少採取愈難歷任將軍以次奏減至數百張放票有定額放不足數官有處分票有出山票規燒鍋票卧票之分每領出山票一張例給接濟銀二百兩秋後交蔓二兩併原領接濟銀一併交官不准塌欠燒鍋票每張亦交蔓二兩出於燒鍋商人每票一張交京錢五百吊包給攬頭刨夫代爲交蔓又有未經放出之票謂之卧票用餘蔓銀兩分派攬頭買補卧票額蔓交官每年十月間將軍副都統督率局員挑揀四等蔓五等蔓裝箱派蔓局協佐領進貢謂之頭幫蔓挑賸餘蔓准攬頭刨夫

挂號變賣有蘇州山西蔘商來買者亦有攬頭刨夫自赴蘇州去賣者將軍當堂過秤給票派員送至山海關驗票進關謂之二幫蔘無票曰黑蔘拏獲照例治罪吉林向無收取蔘餘名目乾隆五十九年刨夫塌欠虧空庫項數十萬兩經

欽差大學士福康安等審明奏定餘蔘一兩抽收號銀不得過二十兩彌補虧空謂之蔘餘相沿至今遂為定例除買補卧票額票之外盈餘銀兩抵充兵餉吉林外紀八

關東人呼蔘曰貨又曰根子肉紅而大者曰紅根半皮半肉者曰糙重空皮曰泡視泡之多寡定貨之成

色己巳庚午間足色者斤十五兩八九色者斤十二三兩六七色者斤九十兩對中者六七兩泡三兩若一枝重兩以上則價倍一枝重斤以上價十倍成人形者則無價矣相傳康熙二年得人形者一枝重二十二兩獻於

朝後絕不得柳邊紀畧

楛木長三四寸色黑或黃或微白有文理非鐵非石可以削鐵而每破於石居人多得之虎兒哈河相傳肅愼氏矢以此爲之好事者藏之家非斗粟疋布不可得楛矢自肅愼氏至今凡五貢中國勿吉室韋之

俗皆以此爲兵器或曰楛矢或曰鐵鏃或曰楛砮歷代史傳言之娓娓今余所見直楛耳無有所謂鏃與砮也同上　滿洲源流考曰元戚輔之遼東志略云肅愼東北山出石其利如鐵取以爲鏃卽石砮而楊賓以爲楛木云云蓋誤以石砮爲楛木也

吳江吳孝廉漢槎兆騫以順治十五年流甯古塔二十餘載康熙辛酉歸至京師相見出一石砮其狀如石作紺碧色云出混同江中乃松脂入水年久所結所謂肅愼之矢也又高麗棊子一枚乃硨磲所製又云甯古塔東北二百餘里乃金之會甯府有斷碑尙存書法如柳誠懸頌爲一流人所碎碑文可以辨識

者有俯瞰闕庭又文學盛於東觀云池北偶談二十二

猗覺寮記辨楛矢石砮引晉肅愼傳魏景元以來供楛矢石砮晉元帝時詣江左貢石砮其地有山出石其利如鐵唐黑水靺鞨傳云云余嘗見吳江吳孝廉兆騫自塞外攜來石砮形如礪石色如蒸栗云是混同江所產葢江邊松脂入水所結非石也池北偶談二十六

蘑菇猴頭雞骰之外尙有數種然箇莫大於猴頭味莫鮮於雞骰蘑菇籬落間皆有之往吳漢槎還病且死謂余曰余甯古塔所居籬下產蘑菇今思此作湯何可得余竊笑之以爲所在皆有及余省覲東行乃

知寗古塔蘑菇爲中土所無而漢槎舊居籬下所産又寗古塔所無者柳邊紀略
遼以東皆産鷹而寗古塔尤多設鷹把勢十八名原註以流人子弟或奴僕爲之每年十月後即打鷹總以得海東青爲主海東青者鷹品之最貴者也純白爲上而雜他毛者次之灰色者又次之既得盡十一月即止不則更打若至十二月二十日不得不復更打矣得海東青後雜他鷹遣官送内務府或
朝廷遣大臣自取之送鷹後得海東青滿漢人不敢畜必進梅勒章京若色純白梅勒章京亦不敢畜必送

內務府凡鷹生山谷林樾間卒有常處喜打鷹者以物爲記歲歲往無不遇視其出入之所繫長繩張大網晝夜伏草莽中伺之人不得行行則驚去同上

貂出句麗國常有一物共居穴或見之身貂類人長三尺能制貂愛樂刀子其俗人欲得貂皮以刀插穴口此物夜出穴置皮刀邊須人持皮去乃取刀太平御覽九百二十二引異苑

打牲獵戶稱爲礅手虎稱爲老媽子熊稱爲黑瞎子此村民語也熊虎吉林諸山中皆有之虎嘯風從熊出爭鬭山鳴谷應兇不可當礅手潛放冷箭攫取先

斃其虎熊不知遁蓋虎靈而熊傻也熊亦入蟄或鑽土穴或藏空樹稱爲坐硐氣餤薰蒸霜雪中一望而知礉手知其在硐擲柴塊於硐口熊以掌接入塡塞硐門旁鑽小孔刺斃之頗不費力至野豬大者有六七百斤齒如象齒外出而又灣捲利逾鋒刃護領羣豕出山覓食虎狼不能犯且週身日硯松油厚有寸許名曰挂甲槍箭不能入礉手能以槍箭取中其七竅者始斃吉林外紀八

吉林西至威遠堡邊門有外來回民每句結本處窩竊者坐地分贓烏拉城西北一帶深密林中向有窩

竊地穴偷竊牛馬事主找認須以錢贖或因緝捕緊
急盜牛不遠將牛束縛用利刀在牛膝以上挑開畫
綫以通腹下即放起以鐵鉤鉤其背繫於樹下牛負
痛猛奔皮豁剝落賊語謂活脫衣鮮血淋漓牛仍奔
回越日始斃最爲可慘將軍富俊二任吉林購綫緝
獲毁其賊巢盡法懲辦盜賊慘竊之風遂息吉林外紀八
耙犂用兩轅木作底立插四柱高三寸許上穿二横
木或鋪板或搪木坐人拉運貨物皆可前轅上彎穿
以繩套二馬服駕輕捷過於車若馳驛更换馬匹氷
雪之地可以日行三四百里並有作車棚於耙犂底

上設旁門套鹿皮圍謂之睽耙犁同上

甯古塔船有二種小者曰威弧獨木銳首尾可受三四人大者曰五板船三艙合五板爲之合處不用灰麻釘以木水漬則以青苔塞之可受十餘人常責一人執青苔以俟不遑他顧他顧則水入船矣槳長數尺兩頭若柳葉而圓其中人執之左右櫂若飛五板船富者乃有之威弧隨處皆有秋冬則以爲馬槽原註馬春夏放青秋冬始喂於家　柳邊紀略

山多櫟柞椵類銀杏可爲器其皮可爲瓦浸水久之可索綯柞可爲車櫟之小者名波羅木五月土人摘

其葉裹襆大則名櫟爲薪而已同上

吉林木有輭硬每年官處給票砍運修造船隻及八旗官兵蓋房燒柴承領票頭謂之木頭老鴉砍存過冬謂之打凍乘冰雪拉運及開河至江口謂之趕洋總由拉發河蛟河趕至拉發口登廠穿排入松花江到城江邊如椴木柞木紅紐勁子女兒木青岡柳等謂之硬木煉火成炭至沙松黃果松紫椴木榆木秋木楊木皆謂之輭木可作器具蓋房之用燒無火勁各隨木性利用咸宜吉林外紀八

吉林爲產木之區家家柴薪堆積成垛不但蓋房所

用梁柱椽檁炕沿窗櫺一切大小木植即街道圍牆無不悉資板片嗣生齒日繁庶民雲集産木山場愈伐愈遠將軍富俊念及旗民日用柴價昂貴生計拮据前後奏請於營盤溝荒山子三道溝二台子及西南山坡等處開採煤窰以濟旗民炊爨價廉於柴同上

以上物

志餘補遺

朮虎遂士元先名玹字温伯女直納鄰猛安也雖貴家刻苦爲詩如寒士喜與士大夫遊初受學於辛敬之習左氏春秋後與侯季書交築室商水大野中惡衣糲食以吟詠爲事詩益工時余在淮陽屢相從講學迨北兵入河南被命提兵戍亳州已而亳亂見殺年未四十也少年詩云山連嵩少雲煙晚地接崤函草樹秋其寄余云西湖風景昔同遊醉上蘭舟泛碧流楊柳風生潮水潤芙蕖煙盡野塘幽一作秋花邊落日明金勒雲裏清歌繞畫樓今夜相思滿城月梁臺

楚水雨悠悠又睢陽道中云又渡溉江二月時淮陽東下息依依邱園寂寞生春草城闕荒涼對落暉去國十年初避亂投荒萬里正思歸臨歧卻羨春來雁亂逐東風向北飛又書懷云關中一作關東客子去遲遲飄泊炎荒兩鬢絲三楚樓臺淹此日五陵鞍馬想當時春風草長淮陽路落日雲埋漢帝祠回首故鄉何處是北山天際綠參差甚有唐人風致歸潛志三

烏林答爽字肅孺女直世襲謀克也風神瀟灑美少年性聰穎作奇語喜從名士遊居淮陽日詣余家夜歸其室鈔寫諷詠終夕雖世族家甚貧為後母所制

踰冠未娶惡衣糲食恬如也遇交遊杯酒豪縱可喜
余謂使其志不輟年稍長則當魁其輩流壬辰陳陷
赴水死年未三十初賦鄴硯詩有云上有丹錫花秋
河碎星斗磨研濤且厲玉瑟鳴風牖又賦古尺云背
逐一道十三虹赤鬣金鱗何夭矯翻思昨夜雷霆怒
只恐乘雲上天去又七夕曲云天上別離淚更多滿
空飛下清秋雨其才清麗俊拔似李賀惜乎不見其
大成也同上
裴滿御史大夫阿虎帶字仲宵女直進士也經歷清
要名亞完顏速蘭嘗爲陳州防禦使累遷御史大夫

使北朝崔立之變自縊死同時戸部尚書完顔仲平亦自殺仲平亦女直進士也歸潛志五

吾古孫參政仲端字子正女直進士也爲人謹厚涖官以寬靜稱興定間由禮部侍郎使北朝從入西域二年始歸爲陳州防禦使遷御史中丞爲參知政事人望甚隆天興東狩罷爲翰林學士承旨知時事不可支家居一室陳平生玩好日與夫人宴飲爲歡癸巳正月下旬忽閉戸自縊其夫人亦從死明日崔立之變若先知者金國亡大臣中全節義者一人公使歸時備談西北所見屬趙閑閑記之趙以屬屏山屏

山以屬余余爲錄其事趙書以石迄今傳世間也歸潛志六

完顏參政速蘭字伯陽案金史作完顏素蘭一名翼字伯陽速素疑音相通至甯元年女直進士魁也滋官修謹得名然苛細不嚴任大事較之流輩頗可稱仕歷清要時望甚隆爲宣宗所知擢任近侍局頗直言有補益旋罷出爲諫議大夫居父喪不飲酒食肉廬墓三年後爲參知政事同紇石烈牙虎帶守京兆不相協召還至陝被圍久之已奔行宮道遇害與余先子善弟奴申字正甫亦女直進士仕歷清要由吏部侍郎使北朝凡再往天

興東狩拜參知政事留守南京齟齬不能有爲崔立之變見殺同上

完顏右丞胡斜虎字仲德金史完顏仲德本名忽斜虎字仲德耶懶路人文直進士也爲人忠實有時望嘗帥秦鞏天興改元南京被圍仲德提孤軍入援轉戰數回止存五六人至京城門遇末帝東狩因從以行駐睢陽拜參知政事從徙蔡州進右丞間關險阻中盡心不懈蔡圍既急末帝內禪崩城陷仲德帥兵三百力戰不支赴蔡水死軍士皆從之其得士雖古之田橫無以加也金國亡死君者惟仲德同上

南渡後諸女直世襲猛安謀克往往好文學與士大夫遊如完顔斜烈兄弟移剌廷玉溫甫總領夾谷德固朮虎士烏林答肅孺輩作詩多有可稱德固勇悍在軍中有聲天興初提兵戍譙軍亂見殺同上

余嘗聞故老論金朝女直宰相中最賢者曰完顔貞相章宗屢正言有重望自號冷巖接援士流一時名士如路侍御鐸周戶部德卿諸公皆倚以爲重後竟以直罷相出留守東京德卿賦冷山行頌其德歸潛志十

孫子耕者杭人與新城豪民駱長官爲友元統間駱犯罪流奴兒干孫以友故送至肇州而回交誼如此

誠不減古人也山居新話

達魯河鉤牛魚北方盛禮意慕中國賞花釣魚然非釣也鉤也達魯河東與海接歲正月方凍至四月而泮其鉤是魚也北主與其母皆設次冰上先使人於河上下十里間以毛網截魚令不得散逸又從而驅之使集冰帳其牀前預開冰竅四名爲冰眼中眼透水旁三眼環之不透第斵減令薄而已薄者所以候魚而透者將以施鉤也魚雖水中之物若久閉於冰遇可出水之處亦必伸首吐氣故透水一眼必可以致魚而薄不透水者將以伺眎也魚之將至伺者以

告北主卽遂於𨁡透眼中用繩鉤擲之無不中者旣
中遂縱繩令去久之魚倦卽曳繩出之謂之得頭魚
頭魚旣得遂相與出氷帳於別帳作樂上壽演繁露三
契丹主達魯河鉤牛魚以其得否爲歲占好惡蓋倣
中國賞花釣魚而因以卜歲也近世周茂振使金首
賜之魚曰手所新釣者卽金亦用遼制也王易燕北
錄云牛魚觜長鱗硬頭有肥骨重百斤卽南方鱏魚
也也鱏鱘同本草旣有鱘魚又別有牛魚云生東海
頭如牛則牛魚別自一種非鱘也若鱏魚正如牛頭
通身無鱗旣有鱗而硬卽非鱏也馮道使虜詩曰曾

叨臘月牛頭賜史謂虜眞以牛頭賜之非也契丹主率以臘月打鬭因敲冰鉤魚則臘月牛頭者正本草所著東海之魚其頭如牛者也非眞牛頭也同上十三

北人謂住坐處曰捺鉢四時皆然如春捺鉢之類是也不曉其義近者彼國中書舍人王師儒修祭奠余充接伴使因以問師儒答云是契丹家語猶言行在也文昌雜錄六

趙相挺之使金方盛寒在殿上金主忽顧挺之耳愕然卽呼小胡指示之蓋閹也俄持一小玉合子至合中有藥色正黃塗挺之兩耳周而去其熱如火既